美国小学主流科学教材

【美】杰伊·哈克特 等著
张 俊 邓小耶 等译
郝京华 审定

物质 5
Matter

浙江教育出版社·杭州

本版特色

- 兼顾授受式学习内容和探究式调查活动。
- 采用5E（Engage参与，Explore探究，Explain解释，Extend/Elaborate拓展，Evaluate评估）研究型教学模式。
- 增加工程和设计版块。
- 培养21世纪技能，如创新创造能力、协作能力、沟通能力、批判性思维与解决问题的能力等。
- 用个性化的生动图像激发学生的学习兴趣。
- 根据知识深度等级体系（Depth of Knowledge，简称DOK）设计评价和测试。

注：原版书中，A单元、B单元表示该内容属于生命科学领域，C单元、D单元表示该内容属于地球与空间科学领域，E单元、F单元表示该内容属于物质科学领域。中文版对此予以保留。

Program Authors

Dr. Jay K. Hackett
Professor Emeritus of Earth Sciences
University of Northern Colorado
Greeley, CO

Dr. Richard H. Moyer
Professor of Science Education and Natural Sciences
University of Michigan-Dearborn
Dearborn, MI

Dr. JoAnne Vasquez
Elementary Science Education Consultant
NSTA Past President
Member, National Science Board and NASA Education Board

Mulugheta Teferi, M.A.
Principal, Gateway Middle School
Center of Math, Science, and Technology
St. Louis Public Schools
St. Louis, MO

Dinah Zike, M.Ed.
Dinah Might Adventures LP
San Antonio, TX

Kathryn LeRoy, M.S.
Chief Officer
Curriculum Services
Duval County Schools, FL

Dr. Dorothy J. T. Terman
Science Curriculum Development Consultant
Former K-12 Science and Mathematics Coordinator
Irvine Unified School District, CA
Irvine, CA

Dr. Gerald F. Wheeler
Executive Director
National Science Teachers Association

Bank Street College of Education
New York, NY

Contributing Authors

Dr. Sally Ride
Sally Ride Science
San Diego, CA

Lucille Villegas Barrera, M.Ed.
Elementary Science Supervisor
Houston Independent School District
Houston, TX

American Museum of Natural History
New York, NY

Contributing Writer

Ellen C. Grace, M.S.
Consultant
Albuquerque, NM

RFB&D learning through listening

Students with print disabilities may be eligible to obtain an accessible, audio version of the pupil edition of this textbook.
Please call Recording for the Blind & Dyslexic at 1-800-221-4792 for complete information.

connectED.mcgraw-hill.com

McGraw Hill Education

STEM McGraw-Hill is committed to providing instructional materials in Science, Technology, Engineering, and Mathematics (STEM) that give all students a solid foundation, one that prepares them for college and careers in the 21st century.

Send all inquiries to:
McGraw-Hill Education
8787 Orion Place
Columbus, OH 43240

ISBN: 978-0-02-143809-9
MHID: 0-02-143809-9

Printed in the United States of America.

2 3 4 5 6 7 8 9 10 RMN 18 17 16 15 14 13

Content Consultants

Editorial Advisory Board

American Museum of Natural History

The American Museum of Natural History in New York City is one of the world's preeminent scientific, educational, and cultural institutions, with a global mission to explore and interpret human cultures and the natural world through scientific research, education, and exhibitions. Each year the Museum welcomes around 4 million visitors, including 500,000 schoolchildren in organized field trips. It provides professional development activities for thousands of teachers; hundreds of public programs that serve audiences ranging from preschoolers to seniors; and an array of learning and teaching resources for use in homes, schools, and community-based settings. Visit www.amnh.org for online resources.

译 序

一部好教材欲保持其生命力的重要举措就是要不断地与时俱进，要随着社会的变迁、学术的进步不断地吐故纳新。浙江教育出版社引进出版的《科学启蒙(第二版)》就是这样的一部好教材。

比较这套教材的两个版本，不难发现，第一版显然依据的是1996年美国颁布的科学教育标准。1996年的科学教育标准有三个重要特点：(1)明确科学教育的目标是培养所有学生的科学素养（美国曾经有过把培养科学家作为科学教育培养目标的历史）；(2)强调要把科学本身的实际做法，即科学探究也作为科学教育的内容；(3)将科学课程的内容按“生命科学、物质科学、地球与空间科学”三个领域加以划分。第一版的《科学启蒙》较好地落实了课程标准的这些理念。

第二版依据的是美国2013年颁布的《新一代科学教育标准（NGSS）》。和1996年课程标准相比，2013年的标准有三个显著变化。(1)将科学探究扩充为“科学与工程实践”，明显强化了运用科学概念解决实际问题能力的培养。(2)强调科学大概念。标准提出了判断大概念的4个原则：①具有学科的意义，具有跨越多个学科领域的广泛的重要性，或者是本学科中组织相关知识的关键概念；②具有解释力，能解释许多现象；③具有生成性，能为理解和探究更多的概念和解决问题提供关键的工具，与社会、家庭相关；④能从幼儿园到高中螺旋上升。(3)强调了学科间的融合，不仅是科学、技术、工程、数学的融合，还有科学、语文、数学的融合。

第二版的《科学启蒙》教材真的是在与时俱进。首先，它在继续强调科学探究的同时，大大强化了工程设计部分，不仅在各领域各章节中增加了运用相关知识解决实际问题的机会，还在“做一名科学家”版块增添了有关工程设计的“聚焦技能”。第二，在强调科学大概念方面，教材不仅在各章节都有科学大概念的明确标示，还在各章结尾之处增加了科学概念和技能的测评。第三，在学科融合方面，教材不仅强化了科学阅读（包括文和图）和科学写作的指导，还强化了数学意识和能力的培养。

《科学启蒙》这套教材还有一个突出的亮点就是它精彩的图片。大量有视觉冲击力的照片和灵动的排版为教材增色不少，让人爱不释手。

它山之石，可以攻玉。中国正在进行着课程改革，也正在努力地缩短与发达国家在教育上的差距，引进国外好的教材不失为一种有效的捷径。不同的群体都可以从《科学启蒙》这套教材中获益。它为教材编写者提供了一个如何将内容与活动结合的范例，它给予科学教师教学活动设计的启迪，它为语文老师提供了如何指导学生科学阅读和科学写作的策略，就连出版社也可以从中获得科学教材排版方面的启示。除此，作为一套学生科学阅读的材料，它也是一个不错的选择。

只有站在巨人的肩膀上我们才可以实现弯道超车，才可以追赶上发达国家，才可以实现伟大的中国梦！国家如此，科学教育亦然，让我们共同努力！

小学科学课程标准研制组组长、修订组副组长
南京师范大学教科院教授
郝京华

目 录

Contents

做一名科学家

E单元　物　质

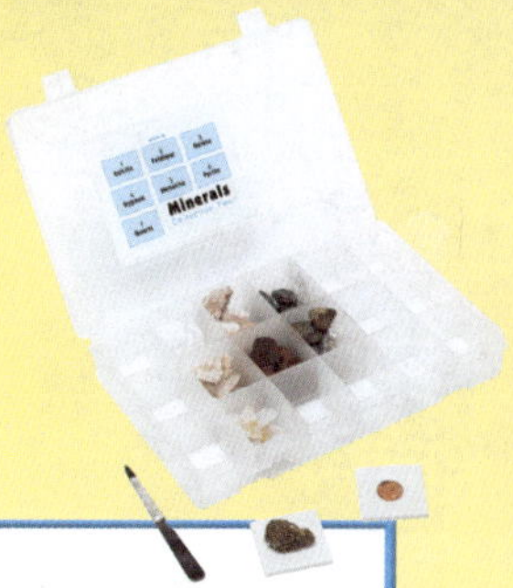

第2章 物理变化和化学变化

探究活动

做一名科学家

只有雌蚊子才会吸血。

科学方法

看一看，想一想

蚊子会传播许多疾病。在天气炎热的季节，它们会把卵产在如图所示的这种池塘里。想一想，像蚊子这类令人讨厌的昆虫对人们的生活有什么影响？疾病还有哪些传播途径？

探究活动

你对疾病了解多少?

人类为什么会生病?其他动物也会生病吗?人类和其他动物可能都会得哪些疾病?科学家是怎样研究疾病的?

生物学家对自然界里的生物都很好奇。莉莉安娜·达沃洛斯和苏珊·帕金斯都是生物学家,她们在纽约市的美国自然历史博物馆工作。在实验室里,她们通过显微镜观察和分析生物细胞来研究生物体。

莉莉安娜·达沃洛斯

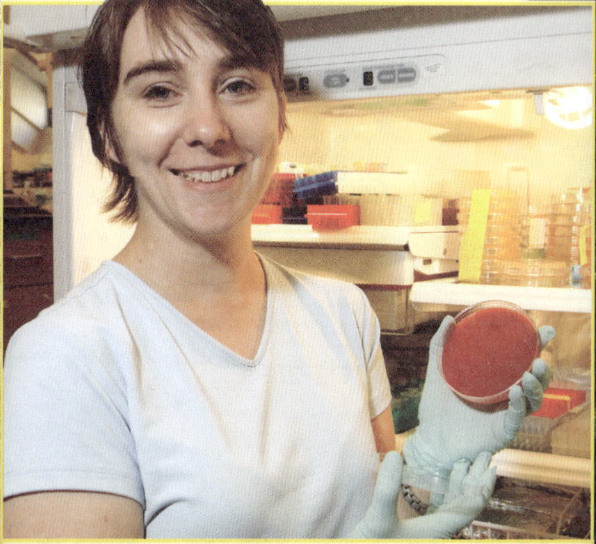

苏珊·帕金斯

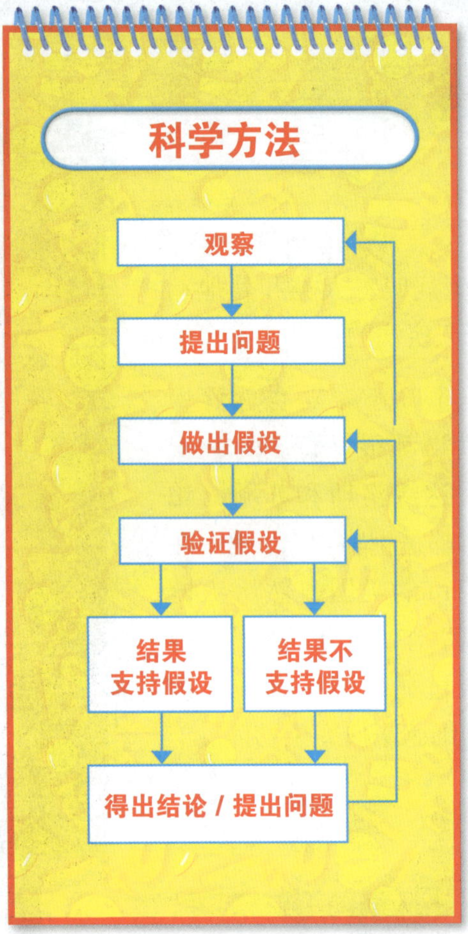

科学家是怎样工作的？

疟疾是一种可能致命的疾病，世界上每年因疟疾死亡的人数超过100万。疟疾是由疟原虫感染红细胞引起的一种疾病。疟原虫是一类需要寄生在宿主体内或身上才能生存的生物。

科学家研究疟疾已经很多年了，人类并不是唯一会感染疟疾的生物，鸟类、蜥蜴和一些哺乳动物也会感染疟疾。目前，科学家正在研究不同动物体内的疟疾。苏珊·帕金斯解释道："我们对引起疟疾的生物了解得越多，我们治疗疟疾的手段就会越多、越有效。"

她和莉莉安娜·达沃洛斯运用科学方法来了解更多有关疟原虫的知识。科学方法是指科学家研究和解决问题的过程。运用这种方法，科学家就能解释自然界中事物的发展规律。

篱蜥会染上由沙蝇传播的疟疾。

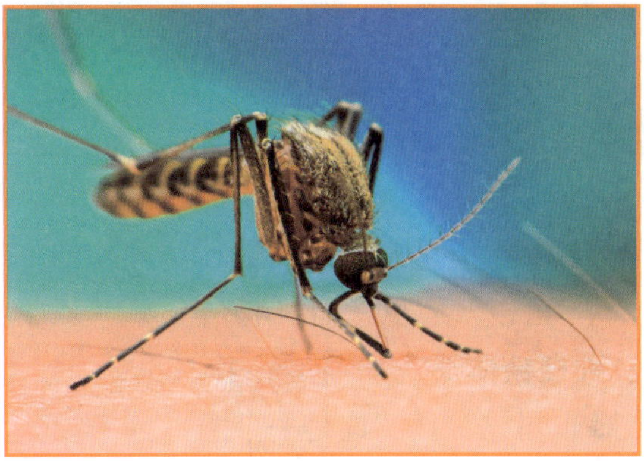

雌蚊子在产卵前需要通过吸血来“饱餐”一顿。

做出假设

1. 提出多个问题。
2. 寻找重要变量之间的联系。
3. 对这些联系提出可能的解释。

▶ **确保这些解释能够被检验。**

当然，科学家并不总是一成不变地按照图示科学方法的步骤做研究，但他们必须确保自己和其他科学家能够重复之前的探究过程。因为只有这样，其他科学家才能检验他们的研究结果是否正确。

苏珊和其他科学家都知道：有些蚊子体内含有会引发疟疾的疟原虫，人类一旦被这些蚊子叮咬，就会感染疟疾。他们还注意到，蜥蜴被携带疟原虫的沙蝇叮咬后也会感染疟疾。

苏珊提出一个问题：“在不同生物体间传播的疟疾，作用在不同宿主体内的机制是否相同呢？”她做了一个预测：蜥蜴和沙蝇体内的疟原虫的细胞结构与科学家之前在蚊子和人体内观察到的疟原虫的细胞结构相似。当然，这只是苏珊的假设。

苏珊的假设包含多种变量。自变量是指研究者主动操控而发生变化的因素或条件，因变量是指会随着自变量的变化而变化的因素或条件，常量是指未被测试且保持不变的因素或条件。在苏珊的研究中，自变量是物种的类型，因变量是疟原虫细胞中的基因。

科学家怎样验证他们的假设？

科学家在研究疟原虫的某些基因时，发现了一个有趣的现象：这些基因具有控制核糖体产生的指令。核糖体是细胞内制造蛋白质的“工厂”。

大多数多细胞生物的细胞内只有一种核糖体，但是有些疟原虫有两种核糖体。当疟原虫寄生在蚊子体内时，可以观察到一种核糖体；一旦疟原虫进入人体，就会观察到另一种核糖体。

这就使得疟疾在蚊子和人体之间的传播非同寻常！“这是一个有趣的现象，”苏珊观察后提出问题，“我们在其他动物身上也能发现类似的现象吗？”

苏珊假设蜥蜴和沙蝇体内的疟原虫与人类和蚊子体内的疟原虫具有相似模式的核糖体。但是，她需要拿出证据来证明她的假设。证据可以是科学家通过不同途径收集到的数据。

疟原虫的传播途径

阶段1 一只感染疟疾的蚊子叮咬了一个健康的人。

阶段2 疟原虫进入人体肝脏，继而繁殖出更多疟原虫。

阶段3 疟原虫感染了人体内的红细胞，繁殖出更多疟原虫，并蔓延至全身。

阶段4 一只未受疟疾感染的蚊子叮咬了一个感染疟疾的人，该蚊子也被传染。

阶段5 这只被人体感染疟疾的蚊子也能将疟疾传播给其他人。

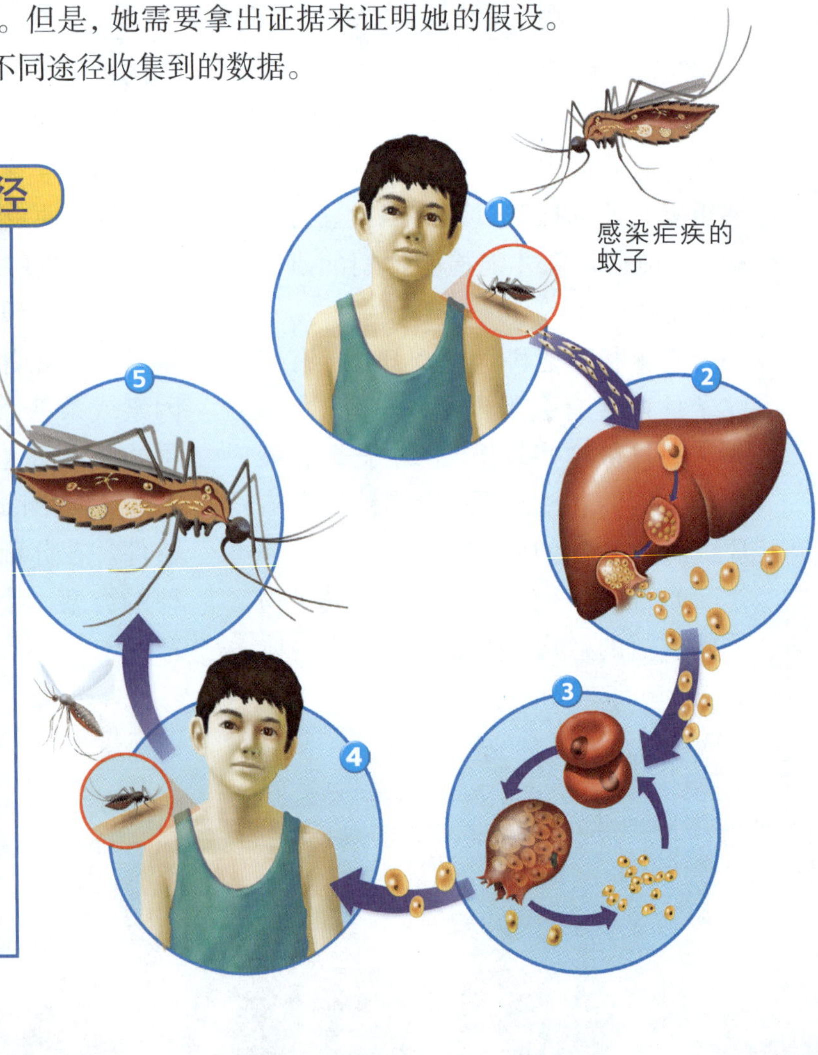

为了验证自己的假设，苏珊决定去美国的加利福尼亚州寻找证据。篱蜥在加利福尼亚州很常见，也很容易捕捉。苏珊采集了篱蜥的两份血液样本。她在显微镜下观察其中一份血液样本，看看其中是否有疟原虫，以此判断该篱蜥是否感染疟疾。如果这只篱蜥感染了疟疾，她会继续用第二份样本来观察疟原虫的基因。

回到实验室后，莉莉安娜帮助苏珊一起分析她采集到的血液样本。她们从篱蜥的血液中提取了疟原虫的基因，然后将这些基因与其他宿主体内疟原虫的基因进行比较。同时，她们还使用高清显微镜和计算机来检测疟原虫。

验证假设

1. 认真思考这些不同来源的数据，其中哪些可以用来验证假设。
2. 选择最有效的途径来收集数据。
   - **完成实验**（在实验室里）
   - **观察真实环境**（在野外）
   - **建立和使用模型**（在电脑上）
3. 制订可以收集这些数据的实验计划。

▶ **确保根据这些操作步骤，其他人也能重复这项实验。**

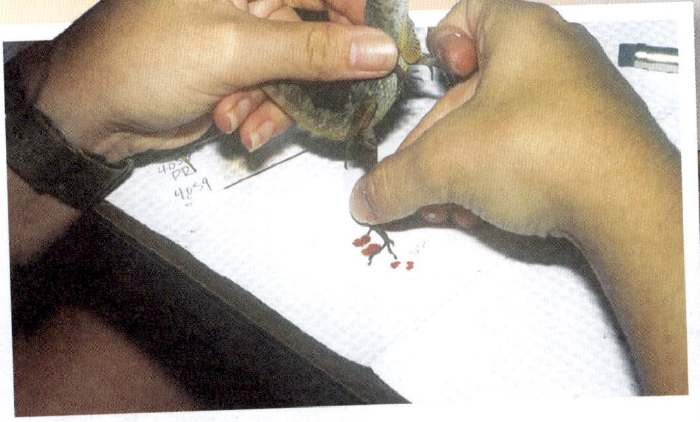

苏珊正在采集篱蜥的血液样本。

科学家怎样分析数据?

要想验证假设，其中一部分工作就是要整理收集到的数据，并从中寻找规律。苏珊和莉莉安娜不仅从篱蜥体内采集到了疟原虫的基因，还从啮齿动物体内收集到了疟原虫的基因。和人类及其他哺乳动物一样，啮齿动物也会因为被蚊虫叮咬而感染疟疾。

由于单个基因太小，无法直接观察，所以科学家会利用一种特殊的化学工艺来复制它们。然后，他们再将复制后的基因注入一片凝胶中。

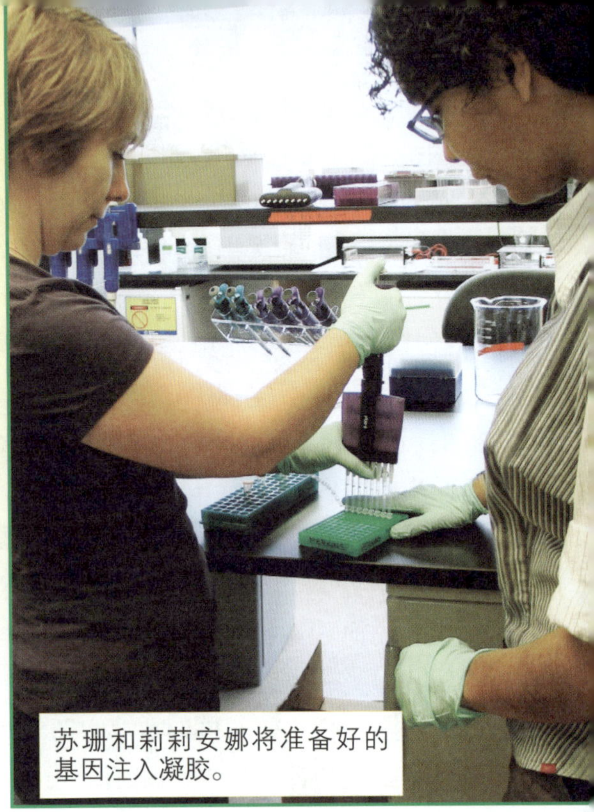

苏珊和莉莉安娜将准备好的基因注入凝胶。

苏珊和莉莉安娜从血液中采集基因。

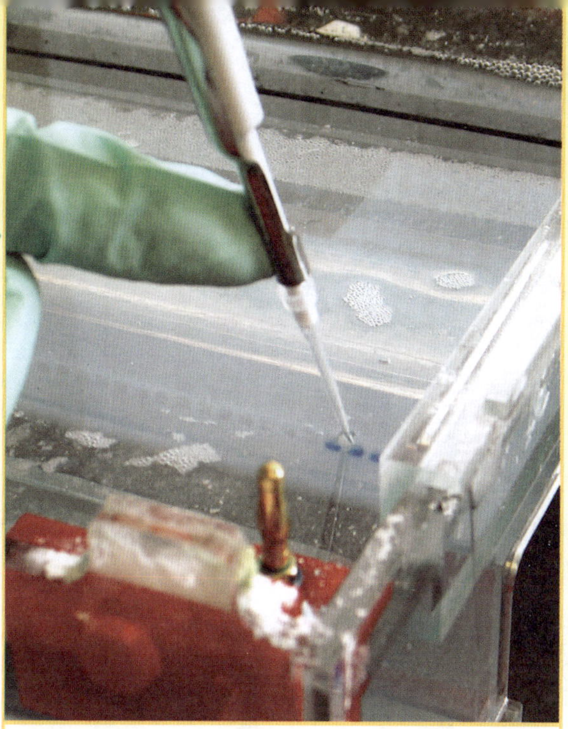
莉莉安娜正在检验凝胶中的基因样本，确定它们的模式。

分析数据

1. 把数据整理成统计图、表，或者示意图、地图等。
2. 寻找数据的变化规律。这些规律能反映假设中测试的自变量是如何影响因变量的。

▶ **将所得数据与其他来源的数据进行比较，检验数据。**

这种凝胶上有不同大小的气孔。这些气孔会根据基因大小将基因分离成片段，这样，基因片段就会在凝胶上形成条带。

科学家可以根据这些条带中呈现的规律来比较不同的基因。“这是一件精细活，可能要花几个星期才能完成。”莉莉安娜说道。

苏珊和莉莉安娜发现，篱蜥体内所有疟原虫的基因都具有相同的模式，这是感染篱蜥的疟原虫只有一种核糖体的证据。

但是，在啮齿动物体内采集的疟原虫基因，却表现出了与篱蜥体内的疟原虫基因不同的模式。这证明感染不同生物的疟原虫有不同种类的核糖体。

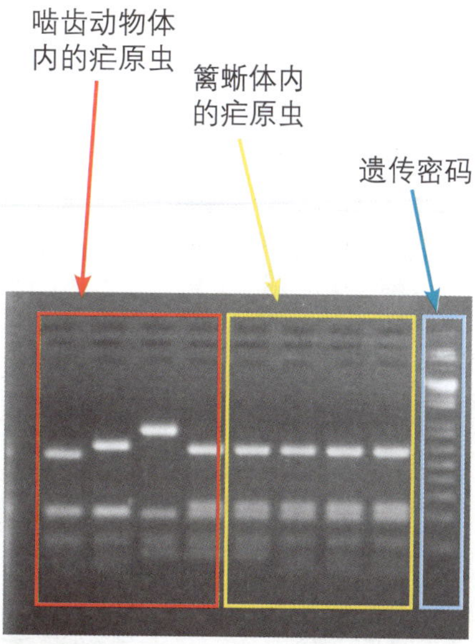

疟原虫核糖体的基因在啮齿动物和篱蜥体内表现出不同的变化规律。

科学家怎样得出结论?

现在，苏珊和莉莉安娜要分析她们的证据是否支持之前的假设。疟原虫在不同的生物种群之间传播时，是否表现出相同的模式？不，它们的表现模式不一样！证据表明，感染啮齿动物的疟原虫有两种核糖体，而感染爬行动物篱蜥的疟原虫只有一种核糖体。

苏珊和莉莉安娜的研究结果并不支持她们的假设。“我们原以为所有疟原虫都会表现得跟人体内的疟原虫一样，但实验结果却不是这样。”莉莉安娜说道。

苏珊和莉莉安娜准备继续研究新问题。

在科学研究中，验证一个假设成立或者不成立都很有价值——事实上，证明某个假设不成立往往更有意义！苏珊和莉莉安娜仔细检查了她们的数据和操作步骤，并做了详细的记录。这样，其他研究疟疾的科学家就可以从她们的研究中得到启发。

她们的研究结果为生物学家提出了新的问题：疟原虫感染人类和其他哺乳动物的方式是独一无二的吗？为什么这些寄生虫有不同种类的核糖体？这个结果对研究治疗这种疾病的新方法有什么帮助？这些新的问题都很重要，因为它们会带来新的假设。

得出结论

1. 判断数据能否清楚地支持假设。
2. 如果数据不能确切支持假设，就要重新审视检验假设的过程，并制订一个新的实验计划。
3. 写下结论，并与他人分享。

▶ **一定要提出新的问题。**

她们接下来要研究的动物可能是印度的鹿、马达加斯加的狐猴、智利的企鹅。

莉莉安娜在野外继续研究疟原虫。

科学技能

科学家在运用科学方法时，会使用许多技能。这些技能可以帮助科学家收集信息，并帮助他们回答关于我们周围世界的一些问题。以下是他们常用的一些技能。

观察 运用感官来了解一个物品或一个事件。

做出假设 做出一个能够被检验的、能回答某个问题的陈述。

交流 和他人分享信息。

分类 将事物根据其相似属性分组。

处理数据 用排序，计数，加、减、乘、除等方法来整理和解释数据。

建立模型 针对某种错综复杂的事物或过程而设计的一种代表物。

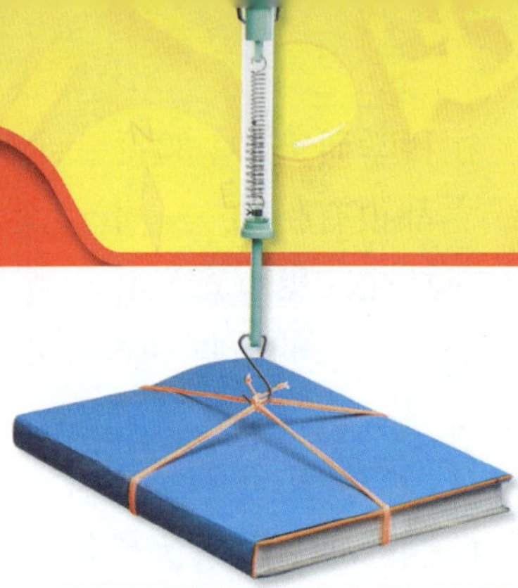

用弹簧测力计测量物体的重量。

用表格组织和解释数据。

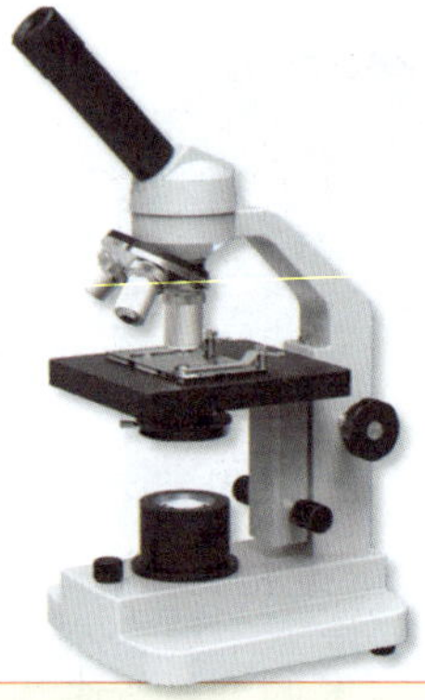

用显微镜观察微小事物。

科学家通过记录观察结果来与其他科学家进行交流。

科学家通过实验来验证假设。

使用变量 明确某些可以控制或能改变实验结果的因素。

解释数据 利用收集到的信息来回答问题或解决问题。

测量 确定事物的大小、距离、时间、体积、面积、质量、重量或温度等。

预测 设想事件或实验的可能结果。

推理 根据事实或观察结果，合理地推断出一个想法或观点。

实验 用来验证或反驳假设的一系列测试过程。

探究技能培养

在本书的每章，都有一组探究技能训练。这些栏目可以帮助你培养成为科学家所需要的技能。

科学家用模型来解释事物的发生过程。

聚焦技能

科学和技术：设计过程

你有没有想过，周围的各种产品是怎么制造出来的？许多产品能帮助我们解决生活中的某个问题。例如，与步行相比，汽车能让我们更便捷地从一个地方到达另一个地方。许多这样的产品都是从一个想法开始的，这个想法逐渐完善，最终发展成一种产品。在将想法变成产品的过程中，工程师会使用一系列被称为**设计过程（design process）**的步骤。

▶ 学习

设计过程的第一步是先设想某个问题可能的解决方案并绘制草图。然后，选择其中一个解决方案，尝试、设计或构建一个模型。

在构建模型后，你需要测试你设计的模型。通过测试，你可以了解产品能否达到预期的效果。在设计过程的测试阶段，还需要收集数据。在测试设计过程中，要不断提出问题：这个想法可行吗？有什么需要继续改进的地方？这个产品还能做得更好或更简单一些吗？

▶ 尝试

地球表面的大部分地方被水覆盖，而这些水大部分都是咸水。许多生物，包括人类在内的生存都离不开淡水。咸水可以变成淡水吗？请设计一个装置，要求这个装置能从咸水中分离出可饮用的淡水。

材　料　咸水、碗、塑料杯、保鲜膜、漏斗、塑料管、过滤纸、塑料瓶、量筒以及其他你认为需要的物品。

1. 想一想哪些设计方案能够从咸水中分离出淡水，将你的想法写下来，并进行比较。选择其中一个设计方案，并根据本页所示的表格将它画出来。
2. 组装你设计的装置。你能用这个装置得到淡水吗？如果能，盐去哪里了？测量你获得的淡水量。

▶ 应用

1. 比较你的设计和其他同学的设计。分析彼此的装置各有什么优缺点，并相互提出改进意见。将同学的建议记录在你的表格中。
2. 改进设备以获取更多淡水。重复上述实验过程，你能获得更多淡水吗？
3. 看看其他同学的设计，哪些设计亮点能够帮助你获取更多的淡水？你能把其他同学的设计亮点应用到自己的装置上吗？汇报你的结论。讨论这样的装置对人类和其他生物的影响。

	设计图	淡水量（mL）	建议
第一次设计			
第二次设计			

安全提示

室内

- 阅读所有操作指南，确保你已经完全理解。看见“⚠小心！”标志时，务必要谨慎。
- 请认真听从老师强调的安全守则。如果你有不懂的地方，应及时向老师寻求帮助。

- 活动开始前，用肥皂或洗手液洗手。
- 使用电热板时要小心，特别要注意它的开关状态。记住，电热板电源关闭后，还会保持数分钟的热度。
- 如果你在做实验时需要使用一些脏乱或容易溅出的材料，请记得穿上实验服。
- 如果有液体不慎溅出，请立刻清理或寻求老师的帮助。

- 请按照老师的要求处理废弃物。
- 如果有器材损坏，应该立即报告老师。如果打碎了玻璃制品，不要自行清理，应报告老师，获取帮助。
- 根据老师的要求戴上护目镜。实验操作时，可能会用到一些固体或液体，为防止它们飞溅到眼睛里，请一定要戴上护目镜。

- 把头发绑好，把袖子挽起来，确保你的头发和衣服远离明火。
- 使用电器设备时，要确保手是干燥的。
- 实验过程中禁止饮食。
- 请按照老师的要求，把实验器材和设备放回原处。
- 活动结束后，将实验场所清理干净并用肥皂或洗手液洗手。

室外

- 户外活动时找一位可信任的成年人陪同，可以是老师、父母或其他监护人。
- 没有得到成年人的允许，请不要随意触摸动植物。因为有些动物可能会咬人，有些植物可能有毒。

责任 **请尊重生命、尊重他人、爱护环境。**

物 质

藤壶和生锈的铁链都是由物质组成的。

科学和工程

实践：建立和使用模型

我们周围的空气是由各种微小的物质组成的。这些物质看不见、摸不着，但是我们可以看到它们作用在其他物体上的效果。想象一下跳伞运动员从飞机上跳下来的过程。当跳伞运动员跳出飞机时，他会迅速朝地面降落。离地面一定高度时，他打开了身上背的降落伞。降落伞打开后，跳伞运动员的下降速度就会减慢。为什么会这样呢？降落伞打开后，空气对它产生了一个阻力，使其降落速度减慢。正是因为如此，跳伞运动员才能以一个较慢的安全速度着地。

▶ 确定问题

你们小组的任务是制作一个降落伞，要求降落伞上挂的垫圈以尽可能慢的速度着地。实验中只能利用现有的材料。

▶ 收集数据

现在你已经明确了本次活动所要解决的问题，查找资料，收集一些相关信息和想法。你可能会想要先找找目前已有的降落伞设计方案。这些设计方案效果怎么样？它们有什么区别？还有哪些地方需要改进？

▶ 头脑风暴

作为小组活动，进行头脑风暴会有助于你们找到解决问题的方法。解决这个问题有哪些不同的方法？你可能会想先找出几种不同的降落伞设计方案并进行比较。哪种方案操作最简单？哪种方案更有助于你了解影响降落伞降落速度的相关因素？综合考虑几种不同的设计方案，然后从中选择一种进行实验。

▶ 设计和建立原始模型

原始模型是指你最初的设计方案。收集材料，然后制作一个降落伞的原始模型。不要忘记在降落伞上挂一个垫圈。

▶ 测试原始模型

制作好降落伞的原始模型后，测试一下它从 3 米高处降落的效果。这时候你会需要一个板凳或者梯子。用秒表测出降落伞的落地时间，并做好记录。重复多次实验，使实验结果更可靠。

▶ 交流结果

在班级中展示各小组设计的降落伞模型。哪些降落伞降落的速度较慢？这些降落伞有什么共同特征？哪些因素会影响降落伞的降落速度？班级展示活动之后，再和小组同学讨论一下，你们的降落伞模型还有哪些改进空间？怎样才能让它的降落速度尽可能慢一些？

应用

1. 你觉得降落伞的表面积对垫圈的降落速度有什么影响？测量并比较不同表面积的降落伞的降落速度，并解释观察结果。
2. 解释为什么跳伞运动员在打开降落伞之前通常都以四肢张开的状态降落。
3. 怎样才能让降落伞尽可能以直线形式降落？根据上述活动步骤，设计并建立一个新的降落伞模型，使其能尽可能地以直线形式降落。
4. “好奇号”火星探测器在火星大气层降落时就连着一个降落伞。你觉得科学家能在月球探测器上连一个降落伞来减缓其着陆速度吗？解释原因。

第1章

比较不同的物质

大概念

怎样对物质进行分类？

基本问题

第1课

怎样测量物质的性质？

第2课

物质是由什么构成的？

第3课

金属、非金属和类金属各有哪些性质？

核心词汇

物质 任何有质量并占据一定空间的物体。

密度 物体单位体积的质量，可以通过物体的质量除以体积来计算。

浮力 液体或气体对置于其中的物体产生的推力。

元素 拥有相同质子数的同一类原子的总称。

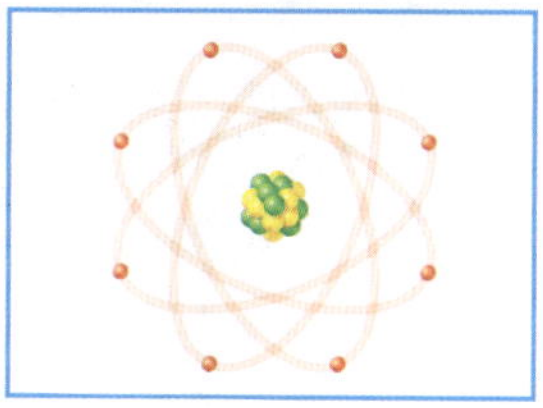

原子 保证该元素性质的最小单位。

展性 物体在弯曲、压实或锤击等外力作用下被碾成薄片而不破裂的特性。

第1课

物质的属性

看一看，想一想

这么大的热气球却能飘浮在空中。这是为什么？

探究活动

哪个球含有的物质更多？

做出假设

气球和网球，你觉得哪个球含有的物质更多？所含的物质越多，物体就越大吗？所含的物质越多，物体就越重吗？将你的假设以“如果物体中的物质不断增加，那么物体将……”的形式写下来。

验证假设

1. **测量** 把待测物体完全没入水中。用胶带记录放入物体后的水位高度，然后取出水中的物体。注意，不要把水洒出来！接着，将另一个物体完全放入水中并同样记录水位高度。这是本实验的因变量。
2. 把两个物体分别放在天平两端。哪个物体更重？这是本实验的自变量。
3. 重复实验，验证答案。

得出结论

4. **解释数据** 质量更大的物体在水中的水位更高吗？为什么？哪个物体含有更多的物质？实验结果支持你的假设吗？

进一步探究

如果有一大袋爆米花和一小袋同等颗粒数的玉米粒，你认为哪个袋中的物质更多？做出假设并进行验证，然后进行分析并写一份报告。

材 料

- 充气气球
- 网球
- 装水的容器
- 胶带
- 托盘天平

步骤 1

步骤 2

读一读，学一学

基本问题

怎样测量物质的属性？

词汇

质量
重量
体积
物质
密度
浮力

阅读技能

分类

怎样描述物质？

假如你的背包丢了，你需要向朋友们描述它的样子，这样他们就能帮你一起寻找背包。你会怎样描述这个背包？你可能会描述这个背包的大小，或者里面有什么物品。你还可能会描述它的颜色、样式或材质等。这些你所描述的内容，就是这个背包的属性。**属性**是观察到的一个事物或一组事物的特点。物质的属性可以通过物质的数量或模样等来描述。

质量

描述背包的一种办法是描述它的质量。**质量（mass）**是物体中物质的量的量度。我们可以通过将某物体的质量与标准物体的质量进行比较，来得出它的质量。质量可以通过托盘天平测量。待测物体和砝码都受地球的重力作用。当天平平衡时，两侧托盘上的物体和砝码的质量相同。质量的单位是千克或克。1 千克等于 1000 克。把砝码的质量加起来就可以得出待测物体的质量。一个物体的总质量等于该物体各部分的质量之和。

背包里所有物体的质量加上背包本身的质量，等于整个背包的质量。

测量物质

读图

弹珠的体积是多少？

线索 弹珠放入量筒前后的水位分别是多少？

重量

试着一只手拿着弹珠，另一只手拿着篮球，你会发现两只手有完全不同的感觉，拿着篮球的这只手会更费劲。手上拿着物体，你感受到的就是物体的重量。**重量（weight）**是指物体受到的重力大小。如果一个物体的质量越大，那么它的重量也就越大。重量的单位是牛顿（N）。1 千克的物体在地球上的重量约为 9.8 牛顿。质量越大的星球上，重力也越大，所以一个物体的重量取决于它所在的星球。但是，一个物体的质量在不同的星球上都是相同的。

体积

质量和重量都可以描述一个物体内包含多少物质，但是这个物体的大小该如何描述呢？**体积（volume）**就是物质占据的空间大小。当你把弹珠放进量筒时，它的体积会导致量筒中的水位上升。这是因为组成弹珠的物质具有一定体积，当它放入水里时，会排开同样体积的水。

把物体放进水里时，物体的体积能通过水位的变化得出。液体的体积通常以毫升（mL）为单位，可以用量筒、烧杯或量杯等测量。固体的体积通常以立方厘米（cm^3）为单位。1 立方厘米等于 1 毫升。

学过质量和体积的概念后，我们就可以给物质下一个更专业的定义了：**物质（matter）**是指任何有质量、占据一定体积的物体。这是一个广义的定义！你周围的一切几乎都是物质。

快速检测

分类 质量、重量和体积的单位分别有哪些？

批判性思维 怎样在不改变物体质量的情况下改变其体积？

什么是密度？

想象一下一个带盖的大空盒。它的体积大，但质量很小。如果往里面放几颗弹珠，它的质量会变大，但体积不变。继续放一些弹珠，整个盒子的质量就会继续增加，但体积仍然不变。在加入弹珠的过程中，增加的是整个盒子总体的密度。**密度（density）**是每立方厘米（或毫升）物质的质量。要计算一个物体的密度，可以用它的质量除以体积来求得。

$$密度=\frac{质量}{体积}$$

弹珠和橡胶球的大小差不多。你认为哪个球的密度更大？弹珠的质量比橡胶球大，或者说弹珠中的粒子比橡胶球多。橡胶球里面是空心的，空气的密度比玻璃和橡胶都小。通过这些，我们可以知道弹珠的密度比橡胶球大。

如果是空心的盒子或者其他容器，我们可以通过增加其内部质量来改变它们的密度，还可以通过改变体积来改变密度。你可以拉伸、压扁或折叠某个容器，挤出或者增加里面的空气。然而，大多数物质都像上述的弹珠一样，我们既无法在其内部增加质量，也很难改变它的体积，所以弹珠的密度是固定的。

读图

水的密度如何？

线索　看看沉在水底的弹珠密度和漂浮在水面的橡胶球的密度。

密度和水

沉与浮

当物体置于液体中时，会受到重力的向下作用。物体下沉时，会排开一定体积的液体。如果液体的密度比物体的更大，物体就排不开同样体积的液体，那么会出现什么现象呢？物体不会沉到底部，它会浮在液体表面。

受浮力作用，物体可以漂浮在液体中。**浮力（buoyancy）**是液体或气体对置于其中的物体产生的推力。浮力的产生是因为物体排开液体时，被排开的液体对物体有一个反作用力。如果一个物体的密度比液体大，那么这个物体排开液体的推力比浮力大，物体就会下沉；如果液体的密度比物体大，那么液体对物体的浮力比物体排开液体的推力更大，物体就会漂浮起来。

浮力的大小取决于物体的密度。如果物体的质量或体积发生变化，就可能改变它的浮沉情况。如果在一艘玩具船上不断增加它的载重，船就会下沉。浮力的大小也取决于物体的形状。一个实心铝块放在水中会下沉，但一只铝制独木舟却能浮在水面上。这是为什么？因为独木舟是空心的，里面有很多空气，所以它的密度比水的密度要小。如果独木舟里装满了水，它还是会下沉。

许多液体还具有一种叫作**表面张力**的性质。在水里，水分子之间相互吸引。这种吸引力在水体表面形成了一层“皮肤”，这种作用力就叫作表面张力。把某一物体平平地铺在水面上，如果它的密度比水大，正常情况下它会下沉，但由于表面张力的作用，它也有可能浮在水面上；如果同样的物体不是平铺在水面上，它就会划破这层“皮肤”并沉到水底。

真相 物体的密度取决于其材料的类型。

迷你实验

密度太大，浮不起来？

1. **建立模型** 本实验需要使用三种实验材料：从纸巾上剪下来的一个三角形，一个塑料杯和一个泡沫杯。
2. 将三个物体一起放入水中。三角形的纸巾平铺在水面上，两个杯子的开口朝下。哪一个物体会沉下去？记录观察到的现象。
3. 在水中加入液体洗涤剂，去除水的表面张力。继续观察，有物体下沉吗？
4. 请老师在每个物体上均匀地戳一些小孔。现在，有物体下沉吗？
5. **推理** 如果仅考虑密度因素，你推断哪个物体会浮在水面上？哪些物体的沉浮是由它们的形状决定的，或者说是表面张力的原因？

快速检测

分类 哪种属性取决于物体的形状？哪种取决于体积或质量？

批判性思维 怎样设计一艘载重量大且适合远洋航行的船？

物质有哪些形态?

物质有三种常见的形态：固态、液态和气态。在日常生活中，我们每天都会见到这三种形态的物质。桌子和书本都是固体，水是液体，呼吸的空气是气体。每种形态都有自己特有的属性。

固体中的粒子几乎没有运动的自由，它们只能在原来的位置上发生振动。所以，无论固体放在什么样的容器中，其固定的形状和体积都不会发生变化。岩石是固体，除非受外界条件的影响，比如被打碎或在高温高压条件下，否则岩石本身的形状和体积都不会发生改变。许多固体有规则的形状，比如食盐晶体呈立方体结构。一般来说，固态物质的密度相对较大。

与固体粒子相比，液体粒子的运动较自由。液体粒子之间靠得很近，但它们可以流动。这种流动使得液体的形状可以随着容器形状的变化而变化。液体有固定的体积，但没有固定的形状。一般来说，液体的密度介于固体和气体之间。但是也有例外，比如液态水的密度大于某些固体的密度。

气体粒子的距离相对较远，且粒子可以自由运动。气体没有固定的体积和形状。在室温下，气体可以迅速充满其所在的容器。如果容器的体积增加，气体还是可以充满所有空间，只是气体粒子之间的距离会增加。正是因为气体具有这种性质，我们可以用气体来给球和轮胎充气。一般来说，气体的密度相对较小。

快速检测

分类　哪些状态的物质具有固定的形状？哪些状态的物质具有固定的体积？

批判性思维　如果不同形态的物质粒子被挤压，那么分别会出现什么情况？

课后回顾

摘要

	物质可以通过质量、体积和重量等性质来描述。
	密度测量的是物体单位体积的质量，它会影响物体在液体中的沉浮状态。
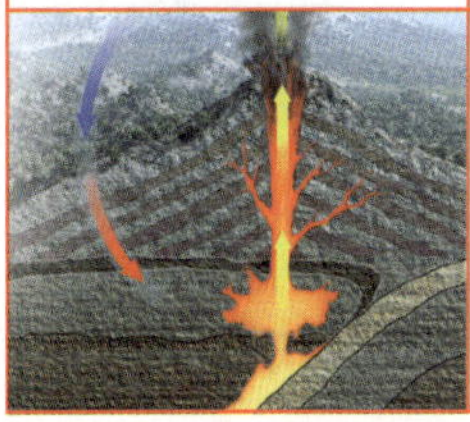	物质共有三种形态：固态、液态和气态。

制作 **折叠式学习卡**

如图所示，制作一个折叠式学习卡，并根据图中标题总结你本课所学的相关知识。

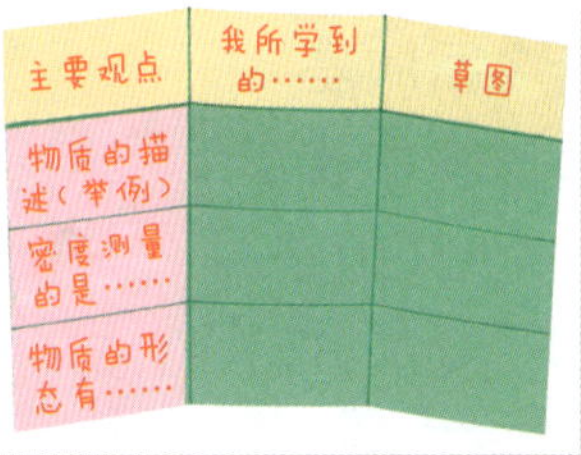

想一想，说一说，写一写

1. **词汇** 一定质量的物质所受的重力大小叫作物体的__________。
2. **分类** 固体和液体有哪些共同的性质？又有哪些不同的性质？

3. **批判性思维** 月球的引力只有地球的六分之一，那么把天平放在月球上还能正确地测出物体的质量吗？为什么？
4. **测试** 哪一种属性用来度量一个物体占据的空间？

   A 硬度　　B 质量

   C 体积　　D 重量
5. **测试** 下列哪种物质的密度最小？

   A 液态汞　　B 氧气

   C 水　　D 黄金
6. **基本问题** 怎样测量物质的属性？

写作链接

描述性写作

在教室里挑一种物质，研究并描述它的性质和状态。

数学链接

密度和体积

80 毫升水能填满多少个边长 2 厘米的空心立方体？

聚焦技能

探究技能：推理

科学家在观察时，他们会仔细记录观察到的各种情况，然后对其进行思考，并试图推理出这代表什么。理解事物发生的原因可以帮助我们得出对象会有什么反应或者它们可能具有哪些属性等结论。

假设有一种密度比水大的物体，这种物体每毫升体积的质量也比水大。因为前面已经学过，密度大意味着同样大小的体积中含有更多的物质。那么密度比水大的物体放在水里会浮起来吗？通过观察这种物体放在水里的情况，我们可以推理出什么可以使物体漂浮在水面上的结论。

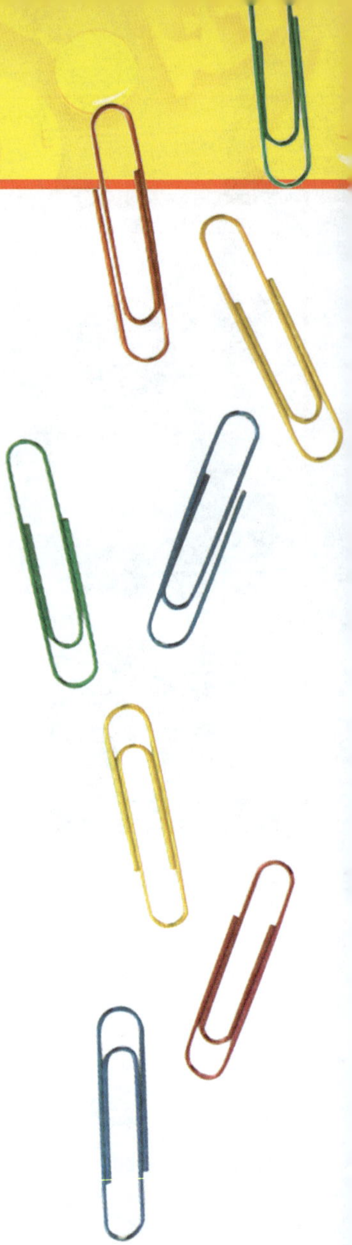

▶ 学习

推理，就是在分析所记录的数据后形成一个观点。将信息组织成表格或图表，可以更方便地分析数据。通过这种方式，我们可以快速地发现数据之间的差异并进行推理。大多数勺子和钉子之类的金属物体放在水里会快速下沉，这是因为它们的密度比水大。但是，同样由金属做成的大型船舶却能运送重型货物横渡海洋。为什么金属船舶能浮在海面上？本次活动将通过制作模型船来帮助我们推理出答案。这些模型船用到的材料是一种密度比水大的物质——金属铝。

▶ 尝试

实验材料 铝箔、回形针、装水的水箱。

1. 用一张铝箔做成一条船。尝试做出不同形状的船，并将船模型的草图画在表格中。
2. 试着把船放在装好水的水箱里，船漂浮在水面上。往船里放回形针，然后记录实验现象。这艘船装多少枚回形针后开始沉入水底？尝试推理出船下沉的原因。

▶ 应用

1. 在图表中记录其他两名同学的数据和结果。
2. 现在开始分析数据。船的设计形状和回形针的数量之间有什么规律吗？
3. 以班级为单位，设计一艘你们觉得可以装最多回形针的船。用剩下的铝箔将这艘船模型做出来，并按上述步骤重复实验，记录船沉入水底时负载的回形针数量。这艘船比之前的船装的回形针数量更多吗？
4. 回想一下所有船模型，能负载较多回形针的船有什么共同的特点吗？当越来越多的回形针放到船上时，发生了什么情况？根据你观察到的现象推断，为什么物体可以漂浮在水面上。写下你得出的结论并在班级中进行分享。

	图	回形针数量	是什么原因？
1号船		25	这艘船能装25枚回形针，因为＿＿＿＿＿。
2号船			
3号船			
4号船			

第2课

元　素

看一看，想一想

电流通过某些特定气体时会产生有颜色的光。这些气体的组成元素各不相同。怎样确定每根管子中的气体是由哪种元素组成的？

探究活动

怎么知道物质“里面”是什么？

实验目的

确定4个密封盒子里面是什么。

实验过程

1. **观察** 仔细检查这4个盒子，但不能打开它们。你可以举一举，摇一摇，听一听里面有没有声音，观察推盒子时它们的运动情况，等等。别忘了还可以用磁铁和天平来了解更多关于盒子里的信息。记录你所观察到的现象。
2. **推理** 试着确定每个盒子里装的是什么。

得出结论

3. **交流** 描述每个盒子里装了什么。
4. 有哪些证据能支持你的推论？
5. 当全班同学都交流完之后，打开盒子，看看里面到底是什么。你们的推论正确吗？为什么会推断错误？解释原因。

进一步探究

如果你是那个实验前往盒子里装东西的人，如果想要实验变得更容易，你会选择装什么样的物体？如果想要实验变得更难，你会选择装什么样的物体？为了能让实验者推测出里面装的物体，请设计一些实验测试内容。

材 料

- 4个不同大小、形状和颜色的密封不透明盒子
- 磁铁
- 带砝码的天平

步骤 1

步骤 2

读一读，学一学

基本问题

物质是由什么构成的？

词汇

元素 金属

原子 原子核

质子 中子

电子 分子

阅读技能

中心思想和论据

中心思想	论据

物质是由什么构成的？

本页图片中的玩具模型代表不同的物体。但是，如果将这些模型拆开，你会发现组成这些模型的积木都是一样的。如果把所有积木混在一起，根本分不清哪块积木来自哪个模型。同样的，所有物质都由一系列叫作化学元素的基本单位组成的。元素（element）是拥有相同质子数的同一类原子的总称。元素无法通过化学反应再分解出其他物质。

古希腊哲学家亚里士多德认为，所有的物质都是由土、气、水和火4种元素组成的。亚里士多德所说的元素并不是真正的元素。火也不是物质。空气和土都不是单一物质，它们是由许多不同的物质组成的。水可以分解成氢和氧，但是氢和氧已经不能再继续分解成其他物质了。所以，氢和氧都是元素。

到目前为止，科学家已经发现了118种不同性质的元素。元素有三个重要性质：室温下的状态，与其他元素结合的方式，以及到底是金属、非金属和类金属中的哪一种。

大多数元素在室温下是固体，但也有一些是气体或液体。有些元素很容易与其他元素结合，形成新的物质，这些元素的化学性质比较活泼。例如，镁的化学性质比较活泼，常用于制作烟花。

物质是由元素组成的，就像这些模型是由积木组成的一样。

铝原子

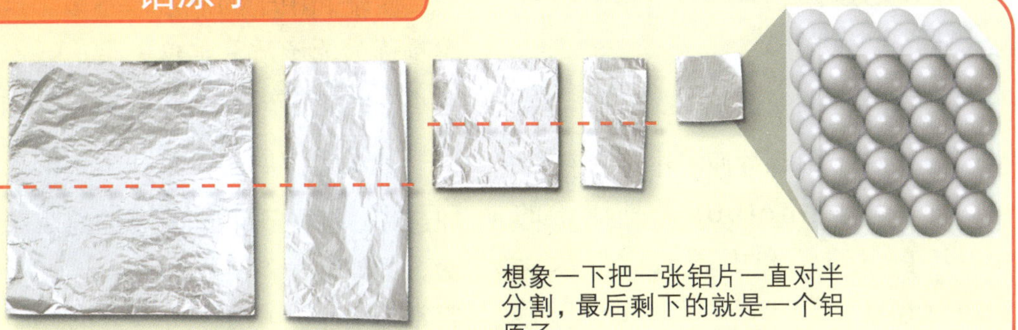

想象一下把一张铝片一直对半分割，最后剩下的就是一个铝原子。

金属（metal）是一系列具有光泽、导电性和延展性等共同性质的元素。钠、铜和金都是金属。非金属是一系列不导电、没有光泽、具有脆性的元素。氯和氧都是非金属。还有些元素，比如硅，既具有金属的部分性质，又具有非金属的部分性质，这类物质称为**类金属**。

越来越小的单位

如果你把一种元素组成的物质切成两半，它还是这种元素组成的吗？是的，切成的这两部分都具有与原元素相同的属性。如果继续不停地把它对半分割呢？最终，我们会得到很小很小的元素碎片。1803 年，约翰·道尔顿提出元素是由某些微粒构成的，这些微粒已经不能再继续分割成更小的碎片了。现在，我们已经知道，道尔顿所说的这种微粒确实存在，我们称它们为原子。**原子（atom）**是一种元素中的最小单位，它决定了该元素的性质。

镁可以增加烟花的亮度。

快速检测

中心思想和论据　物质是由基本单位组成的，这句话是什么意思？

批判性思维　两种元素结合生成一种新的物质。这种新物质是一种元素吗？为什么？

原子和分子是由什么组成的?

原子是由更小的粒子组成的。这些粒子不是元素，但每种原子中都含有。

原子核（nucleus）是原子的中心。它由质子和中子组成。**质子（proton）**是带一个单位正电荷的粒子。原子中的质子数称为**原子序数**，它决定了元素种类。**中子（neutron）**是一种不带电荷的粒子，它是中性的。

原子还包含**电子（electron）**，电子是更小的粒子，每个电子带一个单位的负电荷。电子在原子核外运动。原子内部的大部分空间都是空的。通常情况下，电子数和质子数相等，所以原子整体上不显电性。

质子和中子的质量差不多。这个质量称为**原子质量单位**（amu）。电子更小，质量不到 1 amu 的 $\frac{1}{1800}$。如果把一个原子中所有质子和中子的质量加起来，就得到了这个原子的**原子质量**。例如，一个氧原子中有 8 个质子，通常还有 8 个中子，所以它的原子质量大约是 16 amu。

1913 年，尼尔斯·玻尔表示，原子中的电子绕原子核运动，就像行星绕恒星运动一样。现在，我们已经知道，原子中电子的真实运动情况远比之前的描述更复杂。电子在原子核外的分布，很大程度上像带负电荷的云笼罩在原子核的周围。

玻尔原子模型

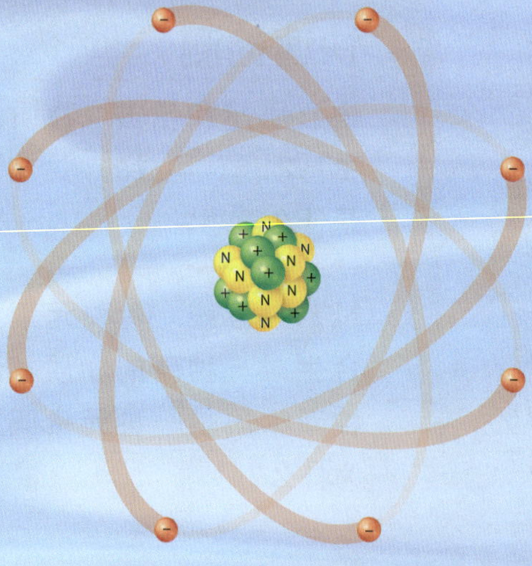

读图

这是哪种元素的原子?

线索　它有 8 个质子、8 个电子、8 个中子。

真相　原子内部大部分空间是空的。原子内的原子核就像棒球场内的一颗卵石。

分子

在拼装积木的时候，我们会把许多小的积木块搭在一起，组成一个新的玩具。原子组成分子时也是这样的。**分子（molecule）**是由多个原子结合在一起形成的粒子。世界上的大多数原子都不会独立存在，而是作为分子的一部分存在的。世界上千奇百怪的物体就是许多分子聚集在一起的结果。

当不同的元素组成一个分子时，不同元素的原子通过它们的电子结合在一起，这使得分子具有与其构成元素不同的性质。元素大约有 118 种，这些元素组成的分子种类多得数也数不清。通过形成分子，原子彼此结合成不同的物质，让我们的生活变得丰富多彩。

科学家用字母和数字组合的**化学式**来描述分子。字母表示分子中原子的类型。数字则记为下标，表示每种原子的数量。我们呼吸的氧气是由两个氧原子组成的分子，它的化学式可以记作 O_2。

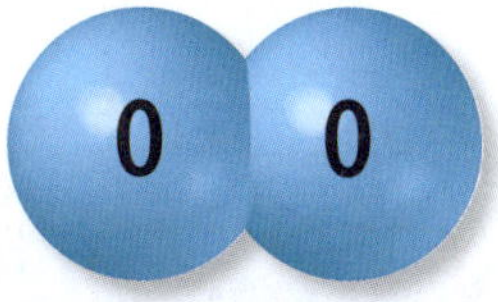

氧气分子由两个相连的氧原子组成。

迷你实验

原子和分子的内部奥秘

△小心！不要吃棉花糖！

1. **建立模型** 用牙签串 8 颗粉红色的大号棉花糖（质子）和 8 颗绿色的大号棉花糖（中子）作为氧原子的原子核模型。在原子核周围再加 8 颗小棉花糖作为电子。
2. 用同样的方法再做一个氧原子模型，或与同伴一起进行下面的实验。用 2 根细绳将 2 个模型的电子连接起来，就组成了一个氧气分子（O_2）的模型。
3. 你的原子模型的形状与书中的原子示意图相比，有什么相似之处？又有什么不同之处？
4. **交流** 画出能更好地表示原子和分子实际形状的示意图。
5. 分子中，电子在不停地运动，有时候，不同原子的电子还会发生交换。在你的模型中怎么反映这些过程？

快速检测

中心思想和论据 原子和分子有什么区别？

批判性思维 你认为分子中大部分也是空的吗？为什么？

元素怎么分组？

每种元素都有一个符号。大多数元素符号都是一个或两个字母。如果是两个字母，则第一个字母是大写字母，第二个字母是小写字母。

有的元素符号来自该元素的英文名称，比如 C 代表碳（carbon）。还有很多元素符号来自它的其他名称，比如 Au 代表黄金，因为它的拉丁名是 *aurum*。化学式中使用的字母就是对应元素的符号。

元素周期表

氢 H 1	氢（H）
	• 性质活泼，易燃烧 • 室温下是气体 • 非金属

碳 C 6	碳（C）
	• 性质活泼，可燃烧 • 室温下是固体 • 非金属

钾 K 19	钾（K）
	• 性质非常活泼，在水中也能燃烧 • 室温下是固体 • 金属

铁 Fe 26	铁（Fe）
	• 性质活泼，易生锈 • 常温下为固体 • 金属

1	2	3	4	5	6	7	8	9	10	11	12
氢 H 1											
锂 Li 3	铍 Be 4										
钠 Na 11	镁 Mg 12										
钾 K 19	钙 Ca 20	钪 Sc 21	钛 Ti 22	钒 V 23	铬 Cr 24	锰 Mn 25	铁 Fe 26	钴 Co 27	镍 Ni 28	铜 Cu 29	锌 Zn 30
铷 Rb 37	锶 Sr 38	钇 Y 39	锆 Zr 40	铌 Nb 41	钼 Mo 42	锝 Tc 43	钌 Ru 44	铑 Rh 45	钯 Pd 46	银 Ag 47	镉 Cd 48
铯 Cs 55	钡 Ba 56	镧 La 57	铪 Hf 72	钽 Ta 73	钨 W 74	铼 Re 75	锇 Os 76	铱 Ir 77	铂 Pt 78	金 Au 79	汞 Hg 80
钫 Fr 87	镭 Ra 88	锕 Ac 89	𬬻 Rf 104	𬭊 Db 105	𬭳 Sg 106	𬭛 Bh 107	𬭶 Hs 108	鿏 Mt 109	𫟼 Ds 110	𬬭 Rg 111	鿔 Cn 112
				铈 Ce 58	镨 Pr 59	钕 Nd 60	钷 Pm 61	钐 Sm 62	铕 Eu 63	钆 Gd 64	铽 Tb 65
				钍 Th 90	镤 Pa 91	铀 U 92	镎 Np 93	钚 Pu 94	镅 Am 95	锔 Cm 96	锫 Bk 97

1869年，德米特里·门捷列夫将元素按从轻到重排序后发现，这些元素的一些共同性质会循环出现！他把具有一些共同性质的元素排成一列。门捷列夫排列的表就叫作**元素周期表**，因为有些具有相似性质的元素以循环或周期的形式排列在表中。

每一列中的元素都有一些相似的化学性质。例如，第17列中的元素很容易与其他元素发生反应，而第18列中的元素则很难与其他元素发生反应。

硅（Si）
- 性质不太活泼
- 室温下是固体
- 类金属

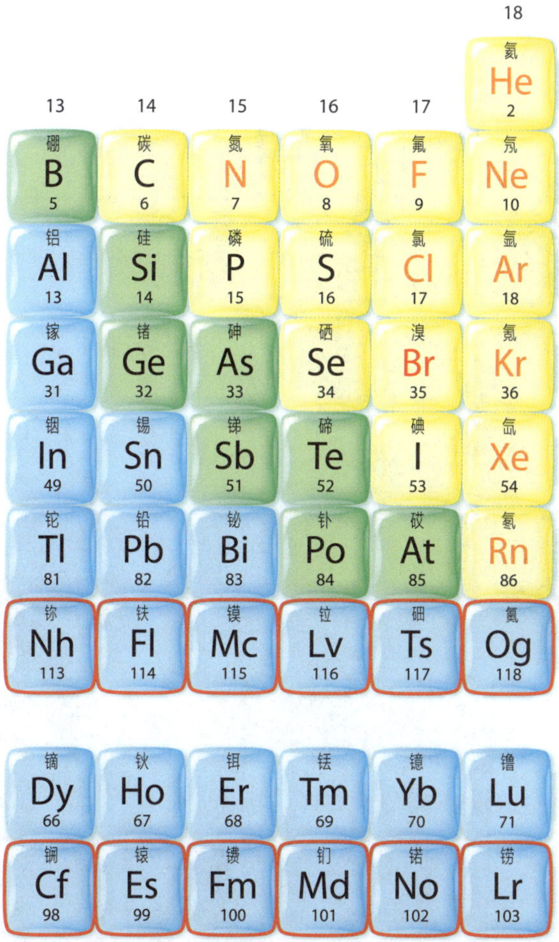

图例

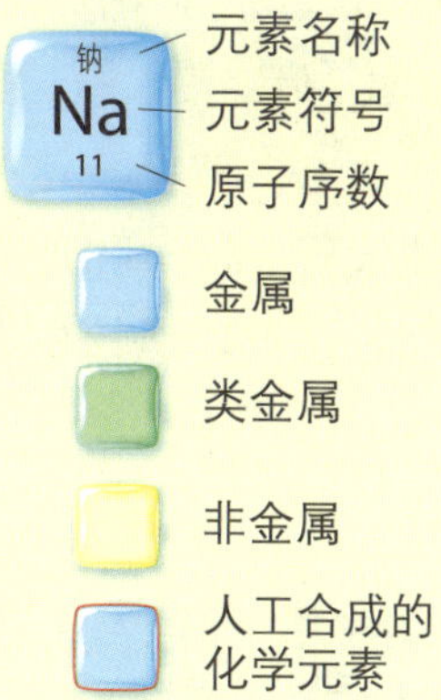

室温（20℃）

黑色：固体

红色：液体

橙色：气体

读图

汞是金属元素还是非金属元素？在20℃时，它是固体、液体还是气体？

线索　根据元素所在格子的颜色和符号，你能知道什么信息？

快速检测

中心思想和论据　什么是元素符号？

批判性思维　氯原子比氧原子多几个质子？

最常见的元素有哪些？

在太空中，最常见的元素是氢和氦。这两种元素约占宇宙质量的98%。在地球上，氢也很常见，因为水中就含有氢，但是氦在地球上的含量就非常少。

地球上的元素

除了氢，氧、硅、铝、氮、铁和钙等元素在地球上也很常见。这些饼状图反映了地球大气、海洋和地壳中这几种主要元素的含量。地核中还存在大量的铁。科学家认为，地球的内核是固态铁球，它的外围是一层液态铁。

与所有的物质一样，动植物也是由元素构成的。下页图反映了生物体中几种主要元素的含量。生物体中的大部分氧和氢都来自水。事实上，动物体重约60%都是水！大多数动物的身体由碳、氧、氢、氮、磷，以及少量的氯和硫组成，其中骨骼和牙齿的主要成分是钙。

元素含量统计图

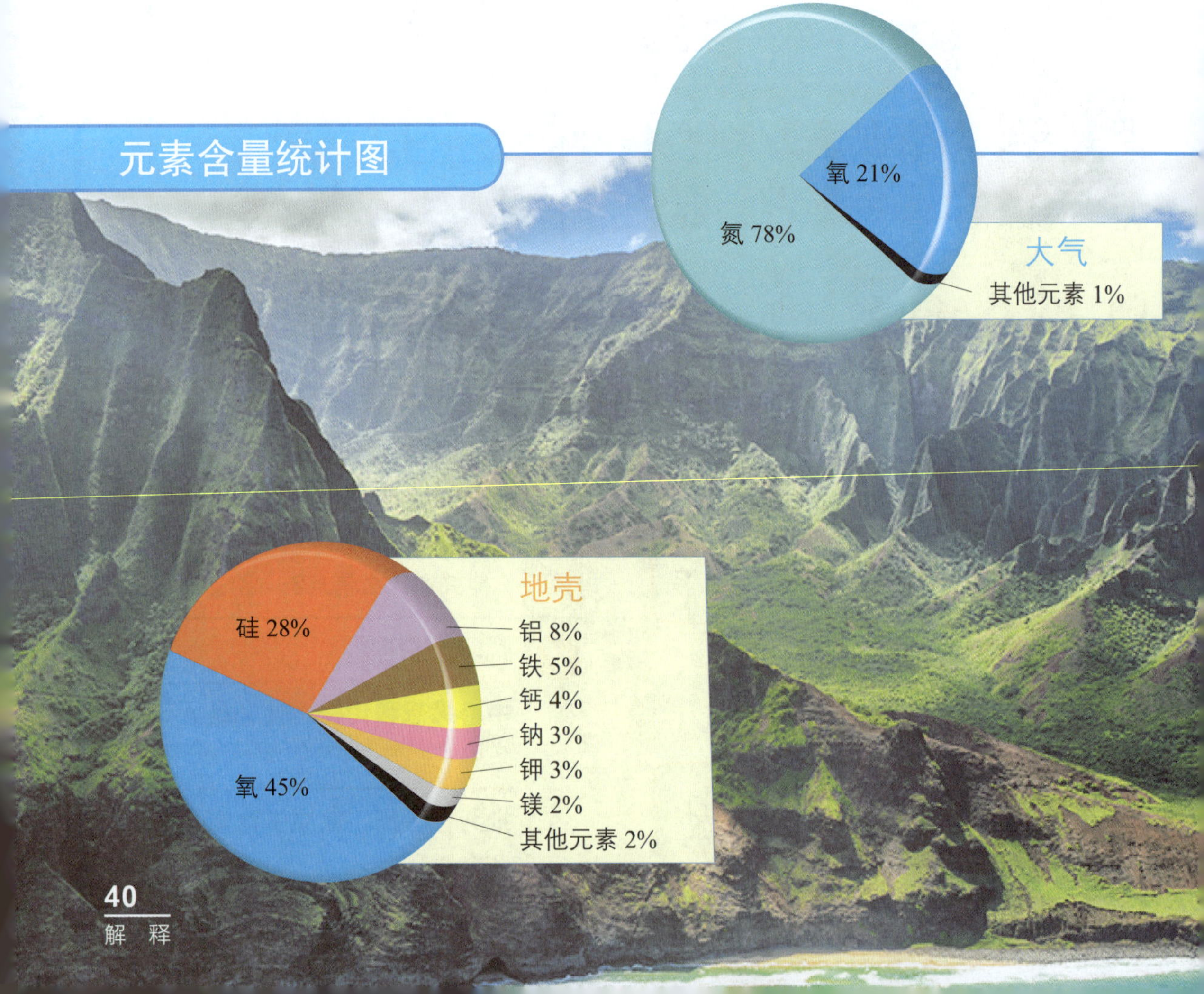

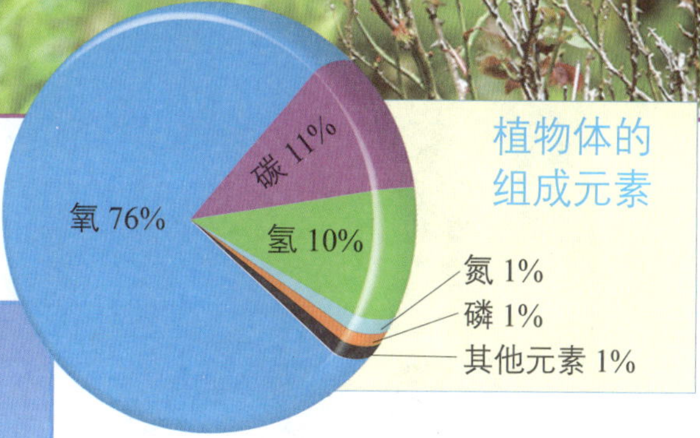

▲ 动植物主要由碳、氢和氧组成。

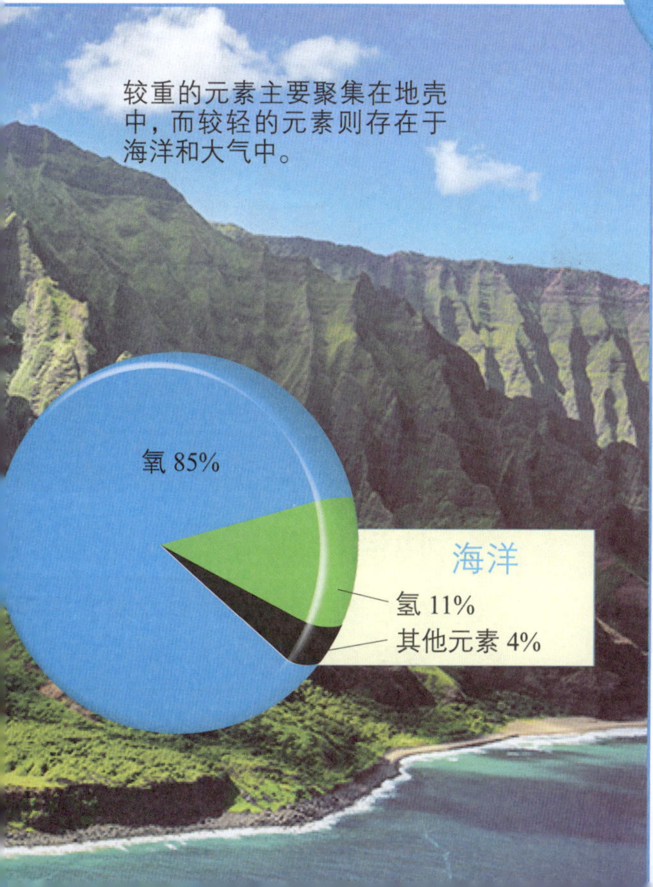

较重的元素主要聚集在地壳中，而较轻的元素则存在于海洋和大气中。

快速检测

中心思想和论据　为什么氧元素和氢元素在动物体和地球上如此常见？

批判性思维　地壳中的元素比海洋和大气中更多样化，你认为这可能是什么原因造成的？

怎样研究元素？

原子非常非常小。一个氢原子的直径只有约 0.0000000001 米，只有人类一根头发直径的百万分之一！即使是大分子，也非常小，普通的光学显微镜根本看不见，需要用特殊的电子显微镜才能观察到。这种显微镜可以观察到单个原子或原子的排列。还有一种叫作扫描隧道显微镜（STM）的特殊显微镜，也能观察单个原子。这种仪器的探针小到可以在原子的表面移动，将探针的扫描结果进行转换，就可以生成如下图所示的图像。

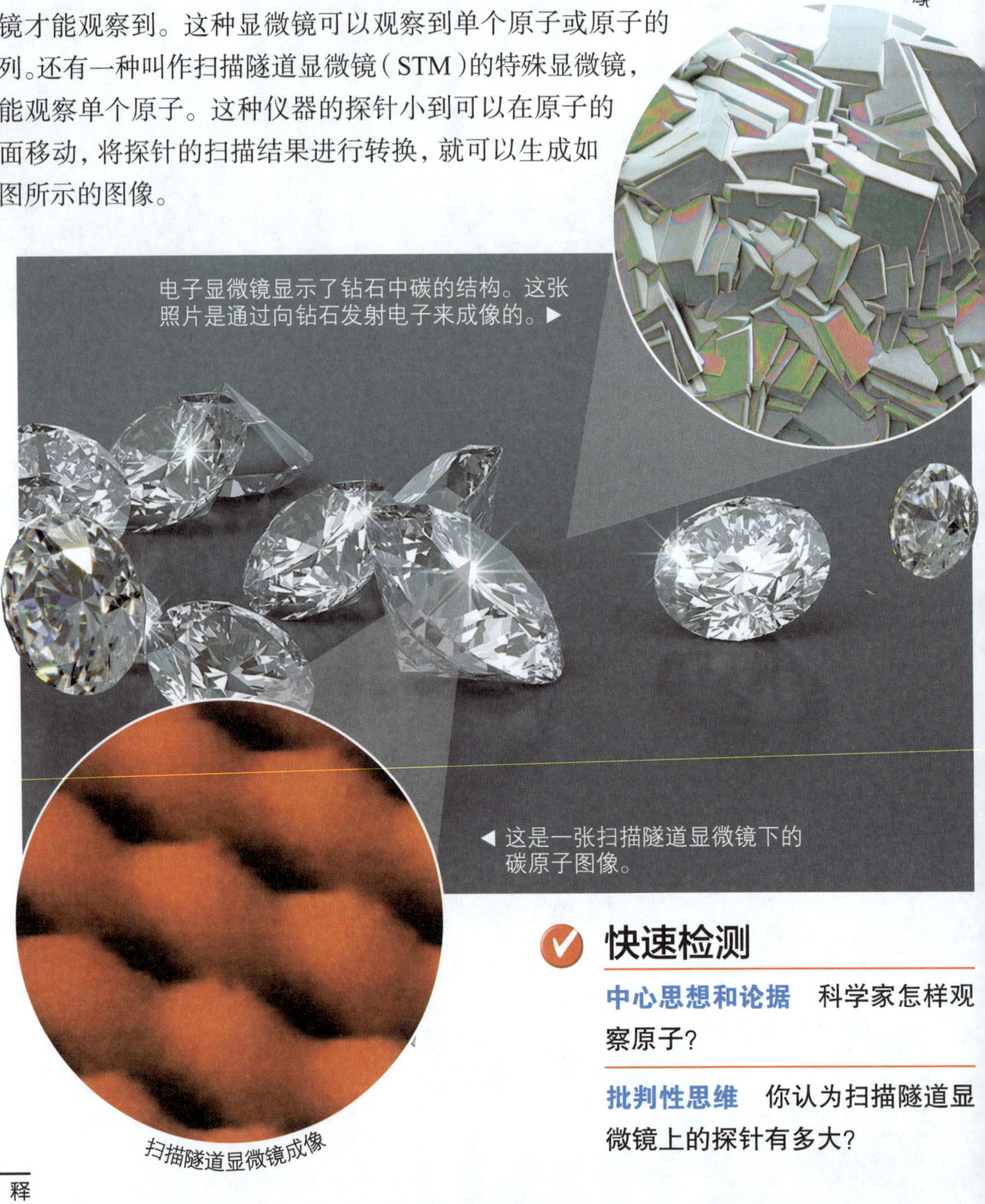
电子显微镜成像

电子显微镜显示了钻石中碳的结构。这张照片是通过向钻石发射电子来成像的。▶

◀ 这是一张扫描隧道显微镜下的碳原子图像。

扫描隧道显微镜成像

快速检测

中心思想和论据 科学家怎样观察原子？

批判性思维 你认为扫描隧道显微镜上的探针有多大？

课后回顾

摘要

物质是由元素组成的。

不同元素的原子序数不同。

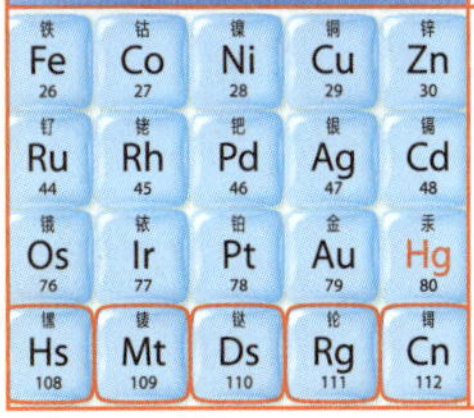

根据元素的性质，化学家把元素排列成元素周期表。

制作 折叠式学习卡

如图所示，制作一个折叠式学习卡，并根据图中标题总结你本课所学的相关知识。

想一想，说一说，写一写

1. **词汇** 具有该元素属性的最小粒子叫作________。
2. **中心思想和论据** 原子内部是什么样的？

中心思想	论据

3. **批判性思维** 原子中的哪些粒子的数量变化不会改变元素的特性？
4. **测试** 下列哪一种元素组成的物质最有可能导热和导电？

   A 氮　　B 铝

   C 氦　　D 氧气
5. **测试** 下列哪一种元素的性质最不活泼？

   A 碳　　B 铝

   C 汞　　D 钠
6. **基本问题** 物质是由什么构成的？

写作链接

说明文写作

假如约翰·道尔顿还活着，请你给他写一封信，解释他关于原子的观点哪些是正确的，哪些需要修正。

数学链接

发现氧气

空气质量的23.2%是氧气。如果要获得46.4千克纯氧，需要多少千克空气？

元素的发现史

当德米特里·门捷列夫在 1869 年排列元素周期表时，他发现了有些序号上的元素有空缺。他怀疑有些元素尚未被发现。门捷列夫预言这些未知元素迟早会被人们所发现，元素周期表中的这些缺口最终也将被填补完整。

氦 He 2

1868~1895

氦——1868年，约瑟夫·洛克耶在研究日食期间的太阳光谱时发现了氦。它是以希腊太阳神的名字命名的。1895年，地球上的铀矿中也发现了氦。

氢 H 1

1766

氢——亨利·卡文迪许分离出了一种他称之为“可燃空气”的元素。后来，另一位科学家发现水是由氢和氧组成时，该元素被重新命名为氢，“氢”在希腊语里是“形成水的物质”的意思。

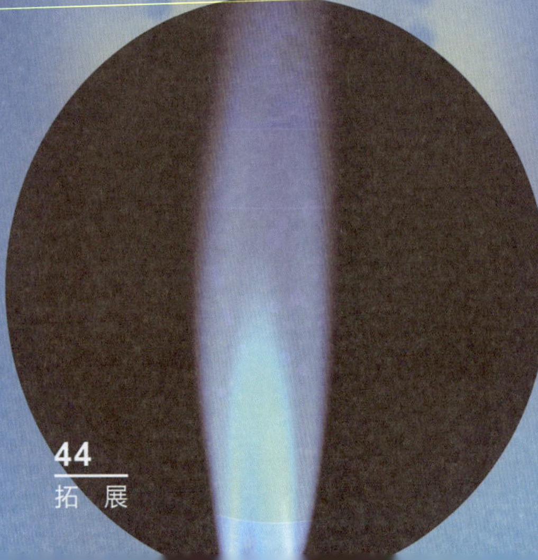

氧 O 8

1772~1774

氧——约瑟夫·普里斯特利和卡尔·威尔海姆·舍勒各自发现了一种新的“气体”，这种气体就是氧气，它的名字来自希腊语，意思是“形成酸的物质”。氧与其他元素结合形成的化合物通常是酸性的。

1952 锿 Es 99

锿——科学家在研究氢弹爆炸产生的放射性碎片时发现了这种元素。锿元素的命名是这些科学家为了纪念阿尔伯特·爱因斯坦。锿的存在时间非常短暂，它会迅速转化成其他元素。

1898 镭 Ra 88

镭——玛丽·居里和她的丈夫皮埃尔·居里在法国研究铀时发现了这种元素。镭的放射性是铀的100多万倍，它在黑暗中会发光。

元素周期表还没排完，还有一些元素等待被发现。在过去的75年里，有超过25种新元素被添加到了这个表中，平均每两三年就有一种元素被发现！如果你发现了一种新元素，你会给它起什么名字？

分类

- 将有共同点的想法或事物分为一组。
- 列出该组对象的共同属性。

写作

分类

1. 哪些元素以气体的形式被发现？
2. 从哪些元素的名称中就可以看出它们的性质？其他元素又是如何命名的？

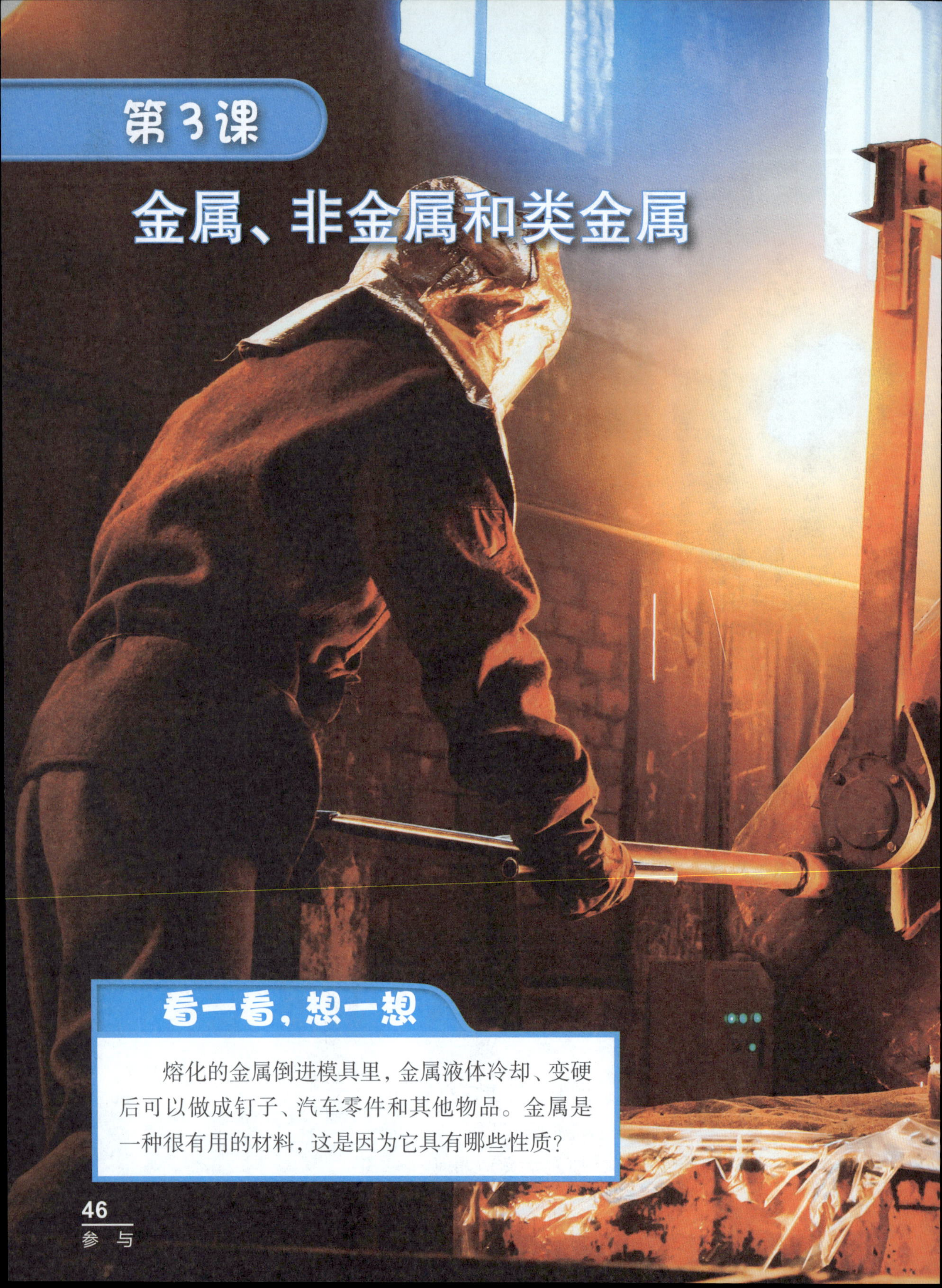

第3课

金属、非金属和类金属

看一看，想一想

熔化的金属倒进模具里，金属液体冷却、变硬后可以做成钉子、汽车零件和其他物品。金属是一种很有用的材料，这是因为它具有哪些性质？

探究活动

怎样分辨金属？

实验目的

在这个活动中，你将观察、比较金属和非金属。你需要测试物体的几种重要属性，并记录下这种属性强的是哪个物体，弱的是哪个物体？

材料

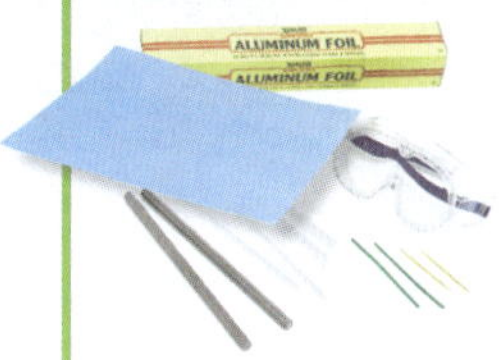

- 塑料、金属和玻璃棒
- 铝箔
- 纸
- 护目镜
- 细钢丝
- 木质牙签

实验步骤

1. 准备一张如下图所示的记录表，用来记录实验中观察到的现象。
2. **实验** 导热性测试：将每个物体的一半放在太阳下或灯光下，另一半放在阴暗处。哪些物体没有光照的那一半摸起来也是热的？
3. 光泽测试：看铝箔和纸的光泽。哪种材料反射的光更多？
4. △小心！戴护上目镜。柔韧性测试：将钢丝从中间处掰弯打结，用同样的方法掰牙签。哪种材料可以折出新形状而不断裂？

步骤 1

金属和非金属的属性		
属性	属性强的例子	属性弱的例子
导热性		
光泽度		
柔韧性		

得出结论

5. **分类** 根据观察结果判断测试对象的各种属性强弱情况。
6. **交流** 根据观察结果，总结金属和非金属的性质。

步骤 2

进一步探究

所有金属的性质都一样吗？是否存在某些金属，它们的某些属性比其他金属更强？设计并通过一个实验来找出答案。

读一读，学一学

基本问题

金属、非金属和类金属各有哪些性质？

词汇

展性

延性

腐蚀

半导体

阅读技能

比对和对比

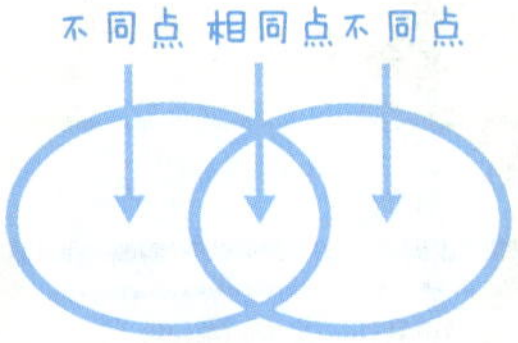

什么是金属？

元素有许多属性，这些属性因元素不同而不同。然而，某些元素之间也有一些相似的属性。科学家根据相似的性质将元素分成三组，分别是金属、非金属和类金属。

所有元素中大约 75% 是金属元素，它们位于元素周期表的左侧。金属有一些共同的特性：经过抛光后具有很好的光泽，导热和导电性能良好，还可以在不断裂的情况下塑形。某种元素表现出的这些特性越明显，它的金属性就越强。有些金属比其他金属有更强的金属性。

有没有光泽的表面是鉴别金属的一种常用方法。大多数金属都是有光泽的。许多金属可以打磨出镜面的效果。金属表面不仅会反射光，还会反射热。

大多数金属导热性很好。看看厨房里的炊具，你会发现大多数都是金属制品。金属锅有助于均匀地散热，可以用来煮食物。金属也是电的良导体，特别是铜、金和银。

金属容易成型，因为它们有延展性。**展性（malleability）**是物体在弯曲、压实或锤击等外力作用下被碾成薄片而不破裂的特性。黄金是一种展性很强的金属。一克黄金可以压成一平方米的薄片！

黄金具有良好的延展性。金可以制作成各种精美的饰品。

铜有光泽，导热、导电性能良好，容易成型。

金属还具有延性。**延性（ductility）**是物体被拉成细线而不断裂的特性。建筑物和电气设备中的电线通常都是用铜做的。银和铂也具有良好的延性。

铬是最硬的金属，铯是最软的金属。你可以根据莫氏硬度表来比较金属的硬度。汞是唯一一种在室温下呈液态的金属。

不同金属与其他元素反应的方式（金属的化学性质）大不相同。像黄金这样的金属化学性质很不活泼。有些金属，尤其是元素周期表第一列中的金属，化学性质非常活泼。

许多金属暴露在外会被腐蚀。**腐蚀（corrosion）**是指金属与环境中的非金属发生反应。铁容易生锈而腐蚀，铁锈会从铁上剥落。化学性质最活泼的金属腐蚀速度最快。例如，钠和钾必须储存在油中，这样一来可以防止它们与空气中的氧气发生反应。

快速检测

比对和对比 金属有哪些共性？又有哪些不同的属性？

批判性思维 硬的金属的展性比软的金属强还是弱？为什么？

真相 自由女神像不是被油漆涂成绿色的，而是铜被腐蚀以后呈现出绿色。

怎样利用金属？

人类历史上的某些时期是以当时最常用的金属命名的。例如，当人类开始生产和使用铁器时，标志着铁器时代已经到来。在这些时期，金属主要被用作工具、首饰，甚至医药。今天，金属仍然是我们生活中最重要的材料之一。回想一下，日常生活中，我们随处可见各种金属，房屋、桥梁、器皿等都有金属的身影。

一些金属之所以有广泛的用途，是因为它们既坚固又柔韧。铁就是一个很好的例子。当铁与其他金属结合成合金时，可以变得非常坚固或柔韧。利用这些合金，摩天大楼可以建造到数百米高。这些金属既能支撑建筑物的重量，同时也能让建筑物在风中微微摇摆。如果摩天大楼不能微微摇摆，它们会被直接吹倒的！

铝是用途最广泛的金属之一。铝常用于制造镜子，因为它便宜，而且抛光后反射效果也很好。用于包裹食物的铝箔因为能反射食物的热量，所以保温效果很好。与铜一样，铝也可以用来导热和导电。这两种金属都用于电线、热水器和散热器等，但是铝的价格比铜便宜得多。人们会在金属铝的外面做一层薄薄的氧化层，这样有助于防止铝的腐蚀。

建筑中的金属

读图

这座建筑物利用的是金属的哪些性质？

线索 观察建筑物中的金属结构。

有时，医生会通过手术把金属放入病人体内。人造牙齿、髋关节，甚至心脏都可以用某些金属制成。例如，医生可能会在骨折的骨头里放一枚金属钉。在骨头愈合的过程中，金属钉可以帮助支撑我们的身体。医生还会用金属针来缝合伤口。

外科手术中使用的金属，必须确保不会与人体内的元素发生反应。黄金、特定种类的银和钛等对人体来说都是安全的，因为它们在人体中不会发生化学反应。

性质活泼的金属则有一些其他用处。电池就是利用了金属的活动性和得失电子的能力。镉、镍、锌、汞、铅和锂都可以用于生产电池。

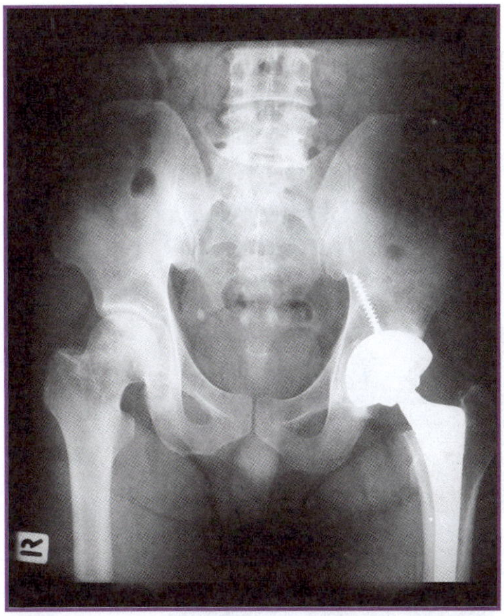

这种人造髋关节可以用来替代人体受损的髋关节。

迷你实验

硬度和展性

1. ⚠小心！实验过程中请戴好护目镜，保护好眼睛。将回形针一端弯曲 90°，然后再将其掰回原来的位置。换成铜线重复上述动作。
2. **预测** 重复掰几次后回形针断裂了？重复掰几次后铜线断裂了？记录下实验结果。
3. 铜线会划伤回形针，还是回形针会划伤铜线？请试着用一种材料刮擦另一种材料，记录下实验结果。
4. **推理** 哪一种金属较硬？哪一种金属展性更好？解释原因。

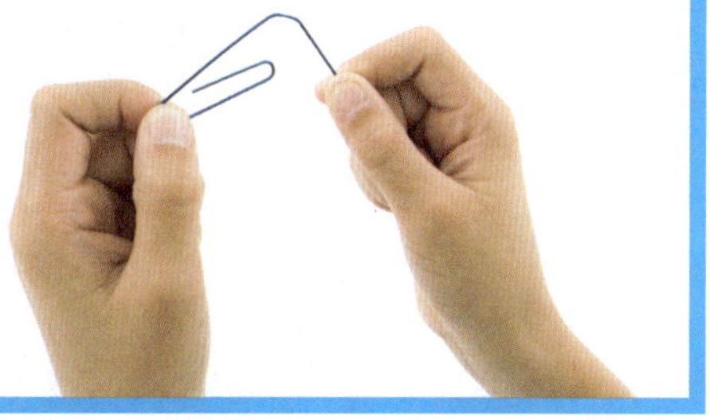

快速检测

比对和对比 铜和铝的用途有哪些相似之处？有哪些不同之处？

批判性思维 对于一种化学性质不活泼、硬度不大，但导热性良好的金属，你会如何利用？

非金属和类金属有哪些?

你有没有想过，为什么即使锅烧得很热，其木制或塑料的锅柄也不烫手？木头和塑料是导热性很差的材料，它们也不是良好的导电体。不能导热和导电或导热、导电性能很差的材料称为**绝缘体**。

非金属

大多数非金属都位于元素周期表的右侧。非金属的性质与金属的性质基本相反。非金属除了导热和导电性能差以外，还缺乏光泽。非金属弯曲时也容易断裂或破碎。很多非金属在室温下是气体，还有一些是形状和颜色各异的固体。溴是唯一一种在室温下呈液态的非金属。

活动性最强的非金属是氟、氯、溴和碘。在元素周期表中，氟之后还有一列化学性质很不活泼的气态元素：氦、氖、氩、氪、氙和氡。这些元素很少与其他元素发生反应。因此，它们被称为**惰性气体**。

类金属

元素周期表中，每一行越左侧的元素，金属性越强；越靠底部的元素，金属性也越强。在元素周期表的中间，元素属性从金属慢慢过渡到非金属，而位于中间的元素则称为**类金属**。

非金属在室温下以三种形态存在。

元素的位置分布

碳是非金属。

铝是金属。

硅是一种类金属，它的性质介于非金属和金属之间。

锗也是一种类金属。

锡是金属。

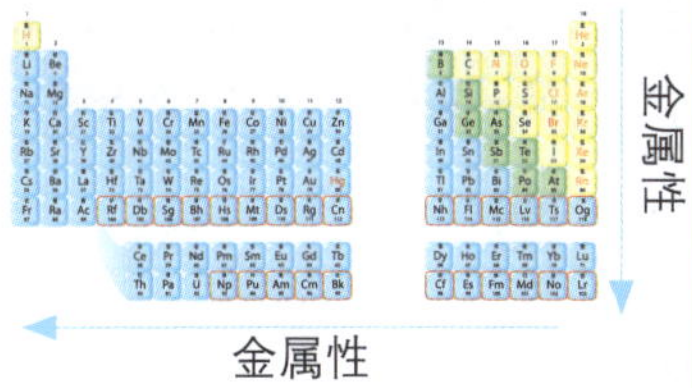

读图

锡的金属性比碳更强吗？

线索　观察图中两者的光泽或它们在元素周期表中的位置。

硼、硅、锗、砷、锑、碲和钋都是类金属。硅是地壳中含量第二丰富的元素，它占地壳质量的28%。其他类金属则相对稀有。

类金属的性质介于金属和非金属之间。它们看起来像金属，但没有金属那么有光泽。它们也像非金属那样不具有延展性。

类金属是半导体。**半导体（semiconductor）**是一类导电性能比非金属好，但不如金属的材料。

类金属的化学性质活泼程度各不相同。有些类金属能和金属发生强烈的反应，和非金属完全不能反应，有些类金属则恰好完全相反。

快速检测

比对和对比　惰性气体和元素周期表中氟所在一列的元素有什么相似之处？又有什么不同之处？

批判性思维　怎样证明类金属既不是金属，也不是非金属？

怎样利用非金属和类金属?

硅和其他类金属可以用来制造计算机芯片。

非金属是性能良好的隔热体和绝缘体。空气主要由氮和氧等非金属元素组成，具有良好的隔热性能；冬天的大衣是通过隔绝空气来保暖的；用塑料绝缘体包裹金属电线，可以防止触电。

非金属元素的化学性质各不相同。氯（Cl_2）的化学性质很活泼，这导致它对生物有害，且对微生物具有致命的毒性。饮用水和游泳池中会加氯杀菌。你有没有在游泳池边闻到过一种刺鼻气味？那就是氯气的味道！

氩的化学性质非常不活泼。即使在长时间通电或加热条件下，它也不会腐蚀金属。所以，氩气可以被填充到电灯泡中。

类金属既可以像金属那样利用，也可以像非金属那样利用。纯硼纤维很轻也很结实，性质类似某些金属。所以，硼常用于现代航空航天行业。

锑很难与其他元素发生反应，是很好的绝缘材料，性质很像某些非金属物质。所以锑可以用于制造家庭和企业用的阻燃剂。

硅和其他一些具有半导体特性的类金属还会用来制造计算机芯片。计算机芯片是现代电子设备的核心。正是因为有了芯片，计算机才可以解数学题、画画，甚至翻译不同的语言。

快速检测

比对和对比 类金属与非金属的用途有什么相同之处和不同之处？

批判性思维 怎样利用惰性气体？

氯可以用于泳池消毒。

课后回顾

摘要

大约四分之三的元素是金属。

金属和非金属的性质通常相反。

类金属的性质介于金属和非金属之间。

制作 折叠式学习卡

如图所示，制作一个折叠式学习卡，并根据图中标题总结你本课所学的相关知识。

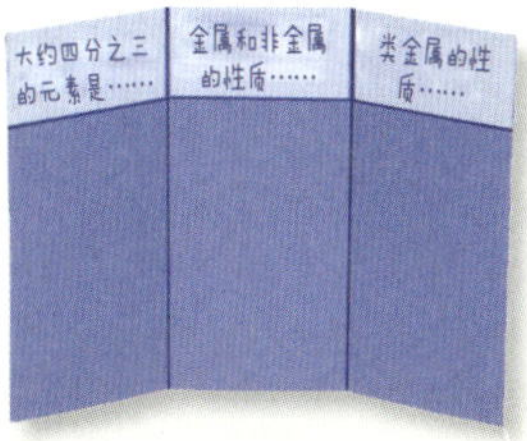

想一想，说一说，写一写

1. **词汇** 能被拉成细丝而不破裂的性质叫作________。
2. **比对和对比** 金属和非金属的化学性质有什么相同之处和不同之处？

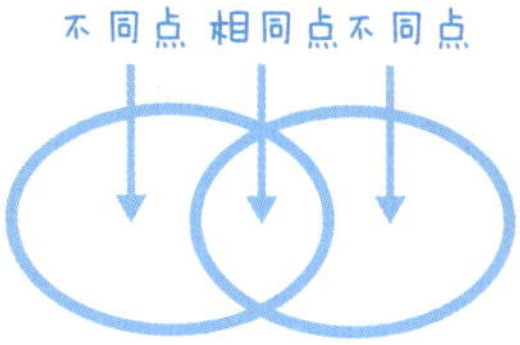

3. **批判性思维** 怎样用水银做一个汽车后备厢的开关指示灯呢？
4. **测试** 下列哪种材料属于非金属？

   A 铜　　B 铁

   C 硼　　D 液氮
5. **测试** 常用于水中灭菌的物质是哪种？

   A 钙氧化物　　B 钠

   C 氯　　D 氮
6. **基本问题** 金属、非金属和类金属各有哪些性质？

数学链接

能赚多少钱？

一家公司可以用每克硅生产4个电脑芯片。每片电脑芯片的售价为160美元。100克硅生产的芯片能卖多少钱？

社会链接

金属怎样改变历史？

石器时代，人们不会使用金属工具。查找资料，研究金属对人类历史的发展有什么影响。

科学探究

材 料

电池

电池底座

鳄鱼夹

导线

小灯泡

灯座

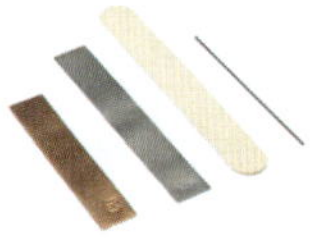
铜、铁、木头、石墨等材料

结构化探究

怎样比较金属和非金属的电导率?

做出假设

有些材料的导电性能比其他材料好吗？如果在电路中使用导电性能不良的导体，会发生什么情况？电路中灯泡的亮度会改变吗？把你的假设以“如果电路中的电导率降低，那么灯泡的亮度就会……”的形式写下来。

验证假设

1. 将电池放入底座。用鳄鱼夹将两根导线连接到电池底座的两端。
2. 将灯泡固定到灯座上，然后用一个鳄鱼夹将连接好电池底座一端的导线连到灯座上。再用鳄鱼夹和导线把灯座连接到铜条的一端。铜条就是实验中要测试和更改的材料，它是本次实验中的自变量。
3. **实验** 用导线和鳄鱼夹将铜条和电源连接起来，电路闭合后，观察灯泡的亮度，这是本次实验的因变量。
4. **观察** 用其他材料更换铜条，重复上述步骤，观察并记录实验结果。
5. **分类** 把 4 种材料的电导率按从高到低的顺序排列出来。

得出结论

6 **推理** 灯泡是否起到了电导率测试仪的作用？为什么铜可以用来制作电线？

7 实验结果支持你的假设吗？解释原因。

指导性探究

复合材料对电导率有什么影响？

做出假设

经过上述实验，我们知道金属和非金属材料的电导率存在差异。如果将不同的材料组合在一起，这种新材料的电导率会发生怎样的变化？把你的假设以“如果把一种良导体和一种不良导体结合起来，那么这个新物体的电导率将……的形式写下来。”

验证假设

设计并进行一个实验，研究不同材料组合后，电导率会发生什么变化。你可能会想到用钢（铁、其他金属和碳的组合物）或铅笔（石墨和木头的组合物）等物体来测试。列出你需要的材料和设计的实验步骤。不要忘记记录实验过程中的变量及实验结果。

得出结论

实验结果支持你的假设吗？为什么？

开放式探究

材料的导热性和导电性一样吗？设计一个实验来回答这个问题。实验中，一次只能测试一个自变量，或一个会变化的因素。写下你的实验步骤，这样其他同学就可以根据你设计的方案来重复实验。

谨记 要遵守科学探究的步骤。

提出问题
↓
做出假设
↓
验证假设
↓
得出结论

第1章 复习和测试

摘要

第 1 课 物质可以用其具有的不同性质来描述。

第 2 课 所有物质都是由元素组成的。

第 3 课 根据不同的性质，元素可以分为金属、非金属和类金属。

制作 折叠式学习卡

如图所示，将每节课后的折叠式学习卡整理到一起，并用它来总结你本章所学的相关知识。

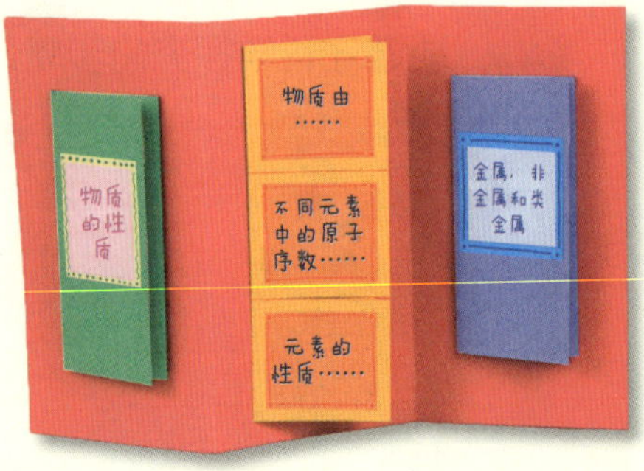

词 汇
DOK 1

选择合适的词汇填空，每个词汇限用一次。

原子	质量
腐蚀	物质
密度	金属
元素	分子
展性	体积

1. 物体在弯曲、压实或锤击等外力作用下被碾成薄片而不破裂的特性称为________。
2. 一个物体的质量除以体积得到的是它的________。
3. 物质所占的空间是它的________。
4. 一个物体中物质的量的总和就是它的________。
5. 不能再通过化学反应继续分解的是________。
6. 光泽、导电性和柔韧性都是____________的特性。
7. 元素中保持该元素属性的最小单位是________。
8. 由两个或两个以上的原子组成的粒子叫作________。
9. 有一定质量，并占据一定空间的东西都叫作________。
10. 金属与环境中的非金属结合而逐渐磨损的过程称为________。

科学技能和科学概念

DOK 2~3

请回答下列问题。

11. 下列哪个物品可以用来测量一个物体的质量？

A 尺子　　　　B 托盘天平

C 弹簧测力计　　D 量筒

12. 元素周期表中同一列元素有哪些相同之处？

A 类似的性质

B 质子数相同

C 相同的原子质量

D 没有共同点

13. 下表中，第一行的标题应该填什么？

元素周期表中的元素

氢	硅	钠
氧	硼	铜
硫	砷	汞

A 元素　金属　非金属

B 非金属　类金属　金属

C 气体　液体　固体

D 金属　固体　液体

14. 判断正误　*通过光学显微镜就可以看到原子。*这个说法对还是错？解释原因。

15. 中心思想和论据　同样形状和大小的两件物品为什么会有不同的密度？

16. 推理　测试一个由未知元素做成的物体，这个物体不导电，看起来很暗，且很容易破碎。对于组成这个物体的元素，你会如何分类？

17. 分类　这幅图显示了哪种结构？它是由什么组成的？

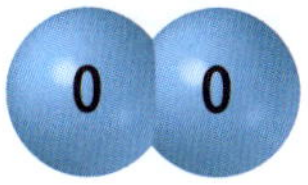

18. 批判性思维　为什么在雷暴天气中拿着一根金属杆很危险？

19. 虚构类写作　写一个短篇故事，在这个故事中，约翰·道尔顿回到过去，遇见了亚里士多德，他们分享了各自对元素的看法。

大概念

20. 怎样对物质进行分类？

表现性评价

DOK 4

认识元素

活动步骤

1. 研究某种元素的性质。它的原子中有多少质子和电子？它是金属、非金属，还是类金属？
2. 研究这种元素的历史和用途。它是什么时候被发现的？是谁发现的？是怎么发现的？这种元素主要存在于哪些地方？

分析结果

▶根据你的研究结果，制作一个关于这种元素的小册子，里面附上关于该元素的图片、数据、图表等资料。

测 试

1 这个仪器用来测量什么？
DOK 1

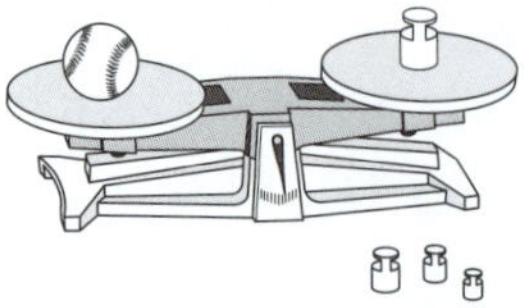

A 重量　　B 质量
C 密度　　D 体积

2 德里克在比较一块木头的密度和一块铅的密度。根据下图，德里克能得出什么结论？
DOK 2

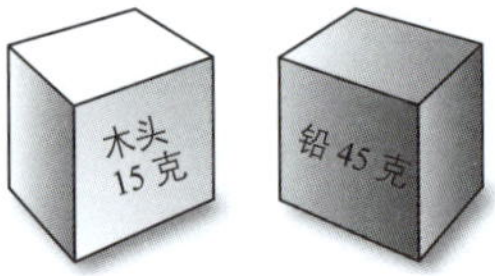

A 木头的密度更大
B 铅块的密度更大
C 两个物体的密度相同
D 物体的密度无法确定

3 下列哪种测试可以确定一个物体是否是金属？
DOK 2

A 用锤子敲打它，看是否会弯曲。
B 在玻璃上刮一下，看是否留下痕迹。
C 把它放在水中，看是否会下沉。
D 把它加到盐酸中，看是否会与盐酸发生反应。

4 观察下图，你能得出什么结论？
DOK 2

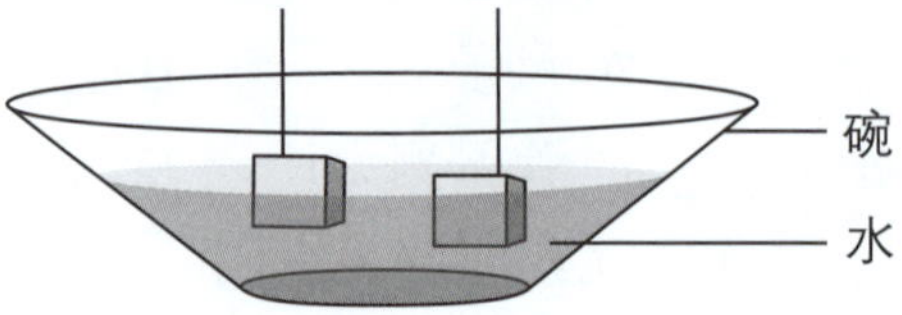

A 1 号积木的密度大于 2 号积木。
B 2 号积木的密度大于 1 号积木。
C 两块积木的密度相同。
D 1 号积木的密度大于水的密度。

5 铜币可以归为哪类？
DOK 1

A 非金属　　B 分子
C 金属　　D 类金属

6 据图回答问题。这张图反映了下列哪项中的元素组成？
DOK 1

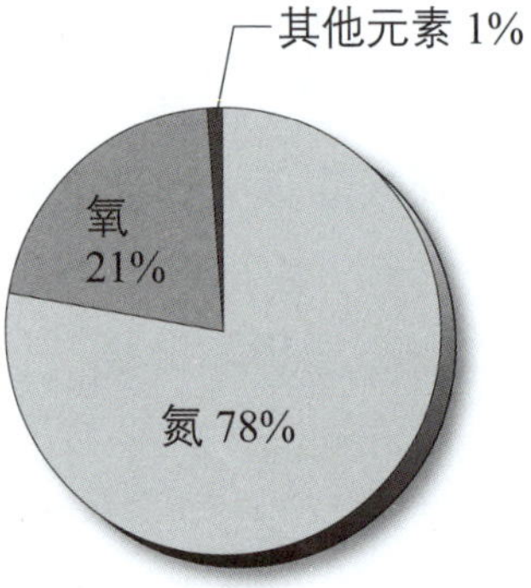

A 地壳　　B 地球上的大气
C 动植物体　　D 地球上的海洋

7 据图回答下列问题。在哪种状态下，物质中的粒子之间的距离最远？
DOK 1

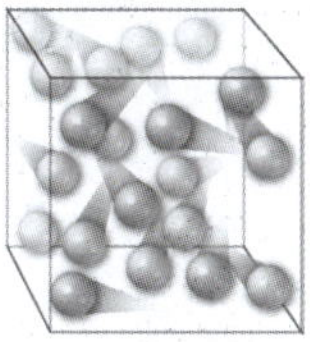

A 固态　　B 原子
C 液态　　D 气态

8 下列哪个带负电荷？
DOK 1

A 原子核　　B 质子
C 电子　　D 中子

9 下图显示了一个水分子的结构。箭头指向的是什么？
DOK 1

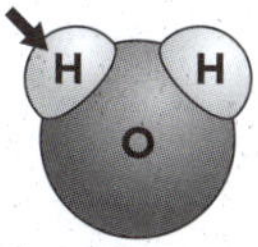

A 电子　　B 原子
C 质子　　D 原子核

10 科学家用扫描隧道显微镜来做什么？
DOK 1

A 研究水分子的形状
B 形成新元素
C 改变物体的密度
D 测量一个物体的重量

11 下面两个物体的大小大致相同。哪个物体更重？哪个物体的体积更大？哪个物体的密度更大？分别解释原因。
DOK 2

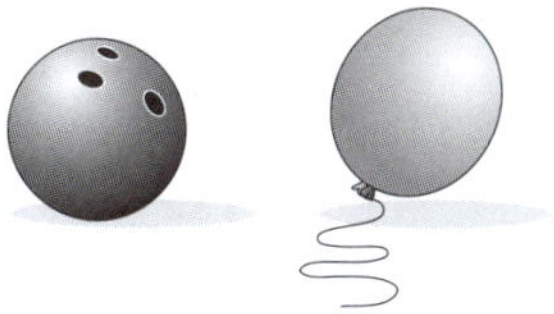

12 二氧化碳的化学式是CO_2。二氧化碳是一种元素吗？解释原因。
DOK 2

13 金属有一些共同的特性。这些特性使得金属有许多不同的用途。为什么铜可以用来制造电线？解释原因。为什么黄金可以用来制作首饰？解释原因。
DOK 2

检　查

题号	回顾	题号	回顾
1	24～25	8	36
2	26	9	37
3	48～49	10	42
4	26～27	11	25～26
5	48～49	12	34
6	40～41	13	48～49
7	28		

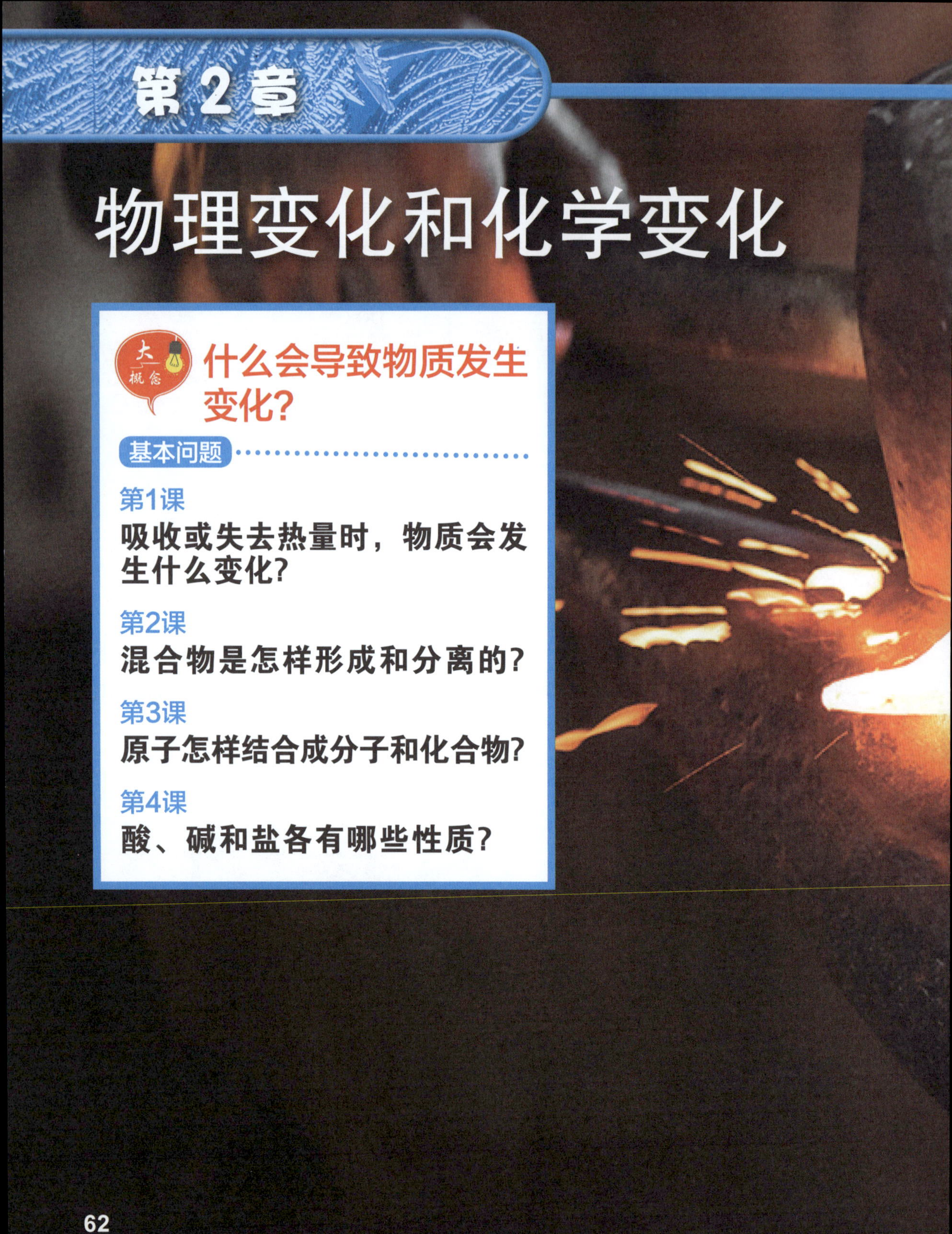

第2章

物理变化和化学变化

大概念

什么会导致物质发生变化？

基本问题

第1课

吸收或失去热量时，物质会发生什么变化？

第2课

混合物是怎样形成和分离的？

第3课

原子怎样结合成分子和化合物？

第4课

酸、碱和盐各有哪些性质？

核心词汇

物理变化　物质的一种变化，这种变化过程中，物质的本质不发生变化。

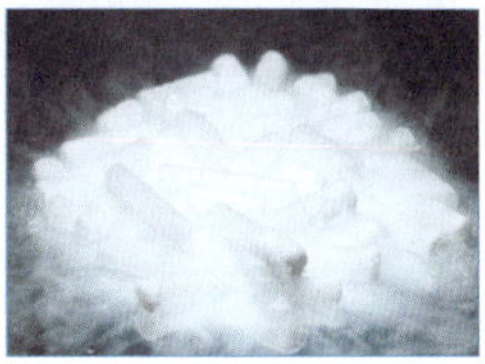

升华　物质直接由固态变成气态的过程，在这个过程中，物质不会变成液态。

混合物　由两种或两种以上物质组成的物理组合，这些物质混合在一起，但没有生成新的物质。

化合物　由两种或两种以上的元素组成的纯净物。

化学变化　原子以新的方式组合成新的物质的变化。

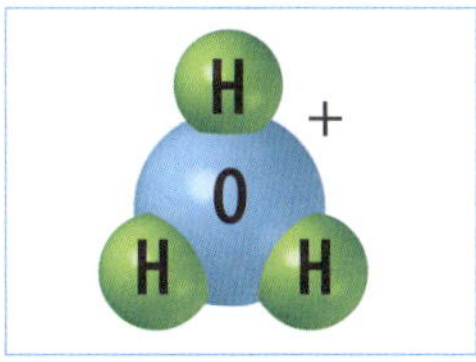

离子　带电荷的原子或分子，它的质子数和电子数不相等。

第1课

物质状态的变化

看一看，想一想

如果世界上所有的冰都融化了，海平面将上升 65 米多！南极洲的这座冰山正在融化。冰川融化时，会发生什么情况？

探究活动

冰融化时，会发生什么?

做出假设

一杯正在融化的冰水的温度会发生什么变化?请把你的假设以“如果加热一杯冰水，那么冰水的温度会……”的形式写下来。

验证假设

1. **测量** 在杯子中倒入半杯冷水，再加入4块冰块。
2. 测定和记录冰水的质量。当温度升高时，你认为这杯冰水的质量会发生变化吗?
3. **观察** 轻轻搅动冰水15秒，记录下冰水的温度。接着，把杯子放到灯光下。
4. 每隔3分钟重复一次步骤3，直到冰完全融化后，你还需要测量5个读数。
5. 实验最后再次测定和记录水的质量。

得出结论

6. 将收集到的数据绘制成一张水温—时间统计图。
7. **解释数据** 描述冰融化时，温度和质量有什么变化。
8. **交流** 实验结果支持你的假设吗? 写一份报告，讨论你的假设是否正确。

进一步探究

当水逐渐结冰时，杯子里的温度又是如何变化的? 做出假设，设计一个实验进行检验，将实验过程和数据记录下来并与同学交流结果。

材料

- 塑料杯或纸杯
- 冷水
- 冰块
- 天平
- 秒表或时钟
- 温度计
- 灯

步骤 2

步骤 3

读一读，学一学

基本问题

吸收或失去热量时，物质会发生什么变化？

词汇

物理变化
升华
熔点
沸点
凝固点
热胀
冷缩

阅读技能

事实和观点

事实	观点

物质的状态是怎样变化的？

削铅笔时，铅笔会发生什么变化？削完后它还是铅笔吗？答案是肯定的。在削铅笔的过程中，改变的只有铅笔的形状，组成铅笔的物质没有发生变化。这种变化就叫作**物理变化（physical change）**。物理变化中，物质的形状发生了变化，但物质的本质没有发生改变。

物质有三种常见的状态：固态、液态和气态。物质状态的变化属于物理变化。如果把一块冰放在室温下，它会融化成一摊水。一段时间之后，这摊水也会消失，因为水变成了水蒸气。这些变化都是物理变化。为什么水会发生这种状态变化？

众所周知，物体中的粒子在不断地运动。在固体中，粒子只发生振动；在液体中，有些粒子振动时还会越过另一些粒子；在气体中，粒子运动得更快，而且彼此间的距离也更远。温度的高低能反映出某个物体中粒子的平均运动速度。当一个物体吸收或失去热量时，温度就会发生变化。

物质的状态变化

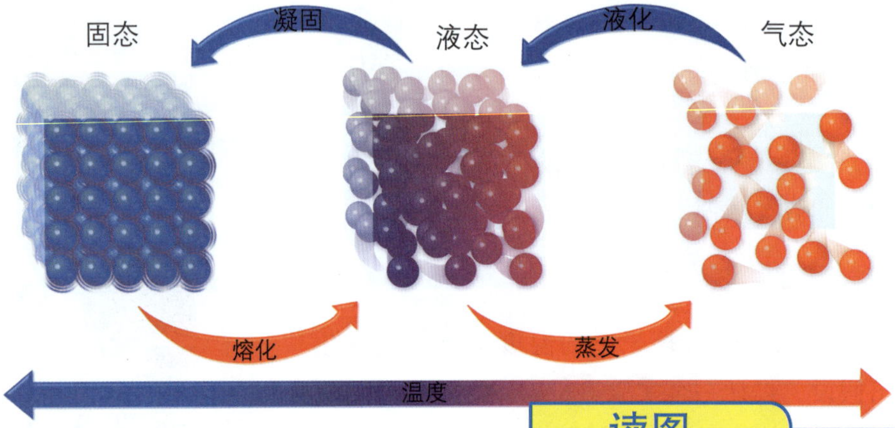

吸收热量后，粒子运动得更快，运动形式也变得更没有规则。

读图

气体液化时，它获得热量了吗？

线索　观察粒子的运动情况。

热是一种能在不同温度的物体之间流动的能量。如果固体获得足够多的热量，固体粒子的运动速度就会变得非常快，以至于无法保持继续在一起的状态，于是，固体熔化成了液体。热量继续增加，液体又会变成气体。如果失去热量，会发生什么情况呢？粒子运动速度会减慢，然后重新聚集在一起。气体失去热量后，液化成液体；液体失去热量后，凝固成固体。

大多数物质的状态会发生变化，物质状态的变化通常取决于热量的变化。氧气分子通常是气态，当温度足够低时，会液化成液态。

有时候，固态物质会跳过液态，直接变成气态。**升华（sublimation）**就是指物质直接从固态变成气态的过程。干冰在室温下会升华。反之，气态物质跳过液态，直接变成固态的过程叫作**凝华**。水会发生凝华。冰箱里的霜是食物或空气中的水蒸气凝华成的冰晶。

对于大多数物质而言，失去热量时，组成物质的粒子会靠得更近，所以，物质固态时的密度通常比液态时的密度大。然而，水是个例外。在结冰时，水分子之间会离得更远，并以特定的形式排列，形成固体。由于这个原因，冰的密度小于水。

▲ 液氧在−183℃的低温下开始沸腾。

▲ 干冰是固态的二氧化碳，在室温下会升华。

液态水的密度比固态水的密度大。

快速检测

事实和观点 *冰箱里可能会结霜，所以最好买一个无霜冰箱。* **这句话的哪一部分是事实，哪一部分是观点？**

批判性思维 怎样才能让雪不变成水直接消失？

物质的状态什么时候会改变?

往饮料里加冰块可以让饮料喝起来更凉爽。但是，冰镇饮料喝起来凉爽并不仅仅是因为冰块的温度比较低，更重要的原因是冰块融化过程降低了饮料的温度。为什么冰块融化能降低饮料的温度呢？原来，冰融化时会从饮料中吸收热量。这些热量改变了冰的状态，而不是冰的温度。

在冰融化或水沸腾时，水温并没有升高。水为什么可以吸收热量而不升温呢？一般情况下，加热物质会让它的温度升高，但是，在物质状态改变的过程中，热量被用来分解粒子。一旦粒子分离后，它们会四处运动，物质的温度才会继续升高。

下图是水的加热曲线。它显示了从冰开始持续加热，水的温度会发生什么变化。从图中可以看出，水在0℃融化，在100℃沸腾。物质熔化时的温度叫作**熔点（melting point）**，水的熔点是0℃。同样，物质沸腾时的温度称为**沸点（boiling point）**，水的沸点是100℃。任何物质的熔点和沸点都只与物质种类有关，与物质的质量无关。

读图

冰融化和水沸腾，哪种状态吸收的热量更多？

线索　观察图中冰融化和水沸腾各需要多长时间。

水的加热曲线

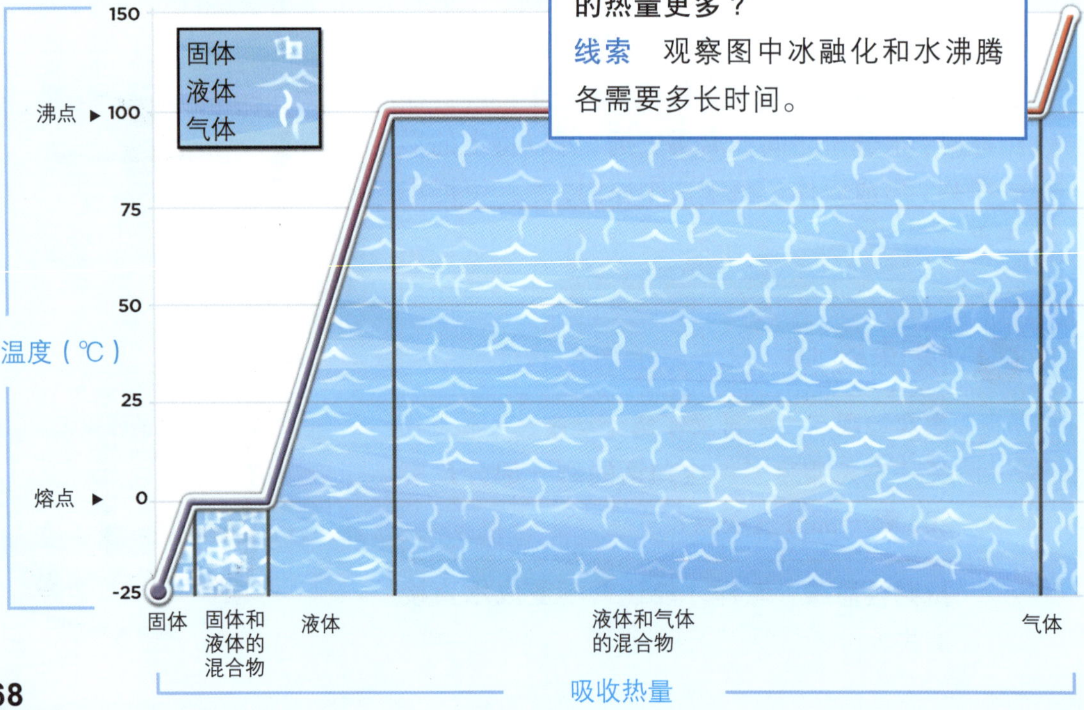

某些常见材料的状态变化		
名称	熔点	沸点
铜	108.3℃	2567℃
氮	–210℃	–196℃
水	0℃	100℃
食盐	801℃	1465℃
铁	1538℃	2861℃

如果水失去热量会发生什么？我们可以据此绘制一条冷却曲线。冷却曲线与加热曲线正好相反。水蒸气在沸点液化，在熔点时凝固。物质从液体凝固成固体的温度称为**凝固点**（**freezing point**）。

每种纯净物都有特定的熔点和沸点。高熔点和高沸点的物质中，粒子之间的吸引力较强；低熔点和低沸点的物质中，粒子之间的吸引力较弱。大多数金属要到非常高的温度时才会熔化，而非金属气体只有到非常低的温度时才会液化。

在有风的日子里，从游泳池中走出来后，皮肤上的小水滴很快就会消失。人体温度低于100℃，那么皮肤上的液态水是怎么变成气体的呢？

液体的温度反映的是所有粒子的平均能量。有些粒子的能量略高于或低于平均值。能量较高的粒子会从液体表面逸出，液体就会变成气体。蒸发就是温度低于沸点时，发生在液体表面的汽化过程。这个现象在我们身边随处可见。液体在蒸发时温度会降低，这是因为液体中能量较高的粒子逃逸了。

迷你实验

改变气球

1. **预测** 当充满暖空气的气球冷却时，会发生什么？将你的预测结果记录下来。
2. 吹一个气球。刚从你肺部呼出的空气是温暖的。吹好后，立刻扎紧气球，然后再用绳子把气球绕一圈，记录下绳子的长度。
3. 把气球放在冰水中几分钟。取出后再用绳子把气球绕一圈，记录下绳子的长度。
4. **推理** 怎样用分子运动的相关知识解释你所观察到的现象？写出你的想法。

快速检测

事实和观点 *朋友告诉你，往苏打水里放冰块可以让饮料喝起来更凉爽，但是会让味道变差。*这句话中，哪部分是事实，那部分是观点？请解释原因。

批判性思维 很多人喜欢蒸桑拿来放松。为什么蒸气在皮肤上凝结时，你会觉得闷热？

什么是热胀冷缩？

物体的体积会随着温度的变化而变化。温度升高时，物体中的粒子运动速度加快，且相互之间会发生更多的推挤，结果导致物体体积变大。热胀（thermal expansion）是指由于加热而引起的物体体积增大的过程。

当物体失去热量时，粒子的运动速度就会减慢，物体体积就会收缩。冷缩（thermal contraction）是指由于热量减少而引起的物体体积减小的过程。"thermal" 这个英文单词的意思是"温度"，说明物体的膨胀和收缩都与热量有关。气体比液体更容易出现热胀冷缩现象，液体则比固体更容易出现热胀冷缩现象。

许多建筑材料都会随着季节的冷暖变化而出现膨胀和收缩。因此，建筑工人在建设时必须在材料之间留出一定的空间，这些空间叫作伸缩缝。

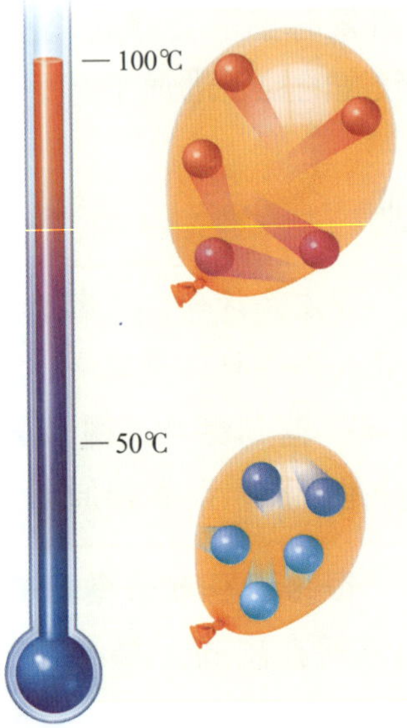

当粒子获得热量时，它们运动得更快，导致气球膨胀。

当粒子失去热量时，它们的运动速度减慢，导致气球收缩。

这座桥梁中的伸缩缝可以避免热胀冷缩导致桥面断裂或弯曲。

众所周知，冰的密度比水小。所以，当水结冰时，它不是收缩，而是膨胀。在建筑物中，水会以液体的形式流进小裂缝中。当它结冰时，会将这些裂缝不断撑大。建筑工人必须确保雨水不会积聚在建筑物中，以免结冰后对建筑造成破坏。

水银温度计就是利用水银热胀冷缩的性质来显示温度的。当周围的温度升高时，温度计内的水银膨胀；当周围的温度降低时，温度计内的水银收缩。温度计上的数字就是水银不同体积所对应的温度值。

快速检测

事实和观点 你赞同"热胀和冷缩只会带来问题"这句话吗？为什么？

批判性思维 如果人行道的各个部分之间都没有空隙，会出现什么情况？

课后回顾

摘要

	吸收或失去热量都会导致物质的形态发生变化。
	纯净物的熔点和沸点差很多。水的熔点是0℃，沸点是100℃。
	热胀冷缩会改变物体的大小。

制作 折叠式学习卡

如图所示，制作一个折叠式学习卡，并根据图中标题总结你本课所学的相关知识。

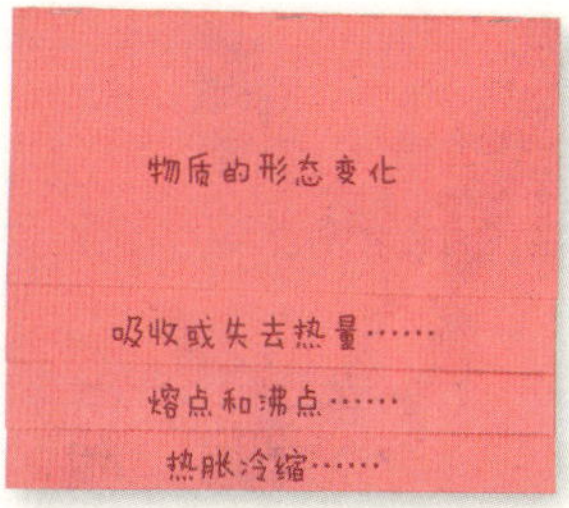

想一想，说一说，写一写

1. **词汇** 物质熔化的温度叫作________。
2. **事实和观点** 将满满一玻璃瓶的水放进冰箱冷冻柜中是个好主意吗？举出事实支持你的观点。

事实	观点

3. **批判性思维** 为什么水开以后即使把炉子上的火开得更大，也不能让水中的食物熟得更快呢？
4. **测试** 一般来说，物质在哪种状态下能量最大？
   A 固态　　B 液态
   C 气态　　D 以上都不是
5. **测试** 当物体的温度升高时，通常会出现哪种现象？
   A 膨胀　　B 收缩
   C 液化　　D 凝固
6. **基本问题** 吸收或失去热量时，物质会发生什么变化？

写作链接

描述性写作

假设你生活在一个水在结冰时会收缩的世界里，冰的密度也比水更大。这个世界会与现在有什么不同？

数学链接

沸腾

在水的沸点时，1克水完全煮沸成水蒸气大约需要2260焦耳的热量。那么，将5.5克水完全煮沸成水蒸气，大约需要多少热量？

聚焦技能

探究技巧：使用变量

在温度较高的液体中，粒子的运动速度比在温度较低的液体中更快。很多人认为：热水在结冰前要释放更多的能量，所以它结冰的速度会比冷水慢。

科学家为了找出确切的答案，做了一系列实验，并记录下他们的观察结果。在这些实验中，科学家每次只改变一个因素，这样，他们就可以知道到底是什么因素导致了最后的实验结果。被改变的这些因素都属于变量。有人发现，有时候，热水的结冰速度比冷水更快。这个现象叫作姆潘巴效应（Mpemba effect）。

▶ 学习

使用变量时，一次只能改变一个因素（变量），然后观察这个因素的变化对实验结果有何影响。被改变的变量叫作自变量，观察到的结果就是因变量。因变量的变化取决于自变量的变化。

在这个实验中，自变量是水的初始温度，因变量是水结冰的时间。实验中，你要试着改变水的初始温度，然后记录不同初始温度的水结冰所需要的时间。

▶ 尝试

实验材料 热水、冷水、塑料杯、温度计、标签、量筒、冰箱。

1. 制作一张如下图所示的表格，将实验数据记录在表上。
2. 在第一个杯子中倒入 120 毫升热水，贴上“热水”标签。在第二个杯子中倒入 120 毫升冷水，贴上“冷水”标签。在第三个杯子中倒入 80 毫升冷水和 40 毫升热水，贴上“凉水”标签。在第四个杯子中倒入 40 毫升冷水和 80 毫升热水，贴上“温水”标签。
3. 用温度计测出桌上每一杯水的温度，这个温度是本实验的自变量。
4. 把所有杯子同时放入冰箱冷冻室，且四个杯子要放在一起。
5. 每 10 分钟检查一次，记录每个杯子里的水开始结冰的时间和每杯水完全冻结的时间，这两个时间都是因变量。

▶ 应用

1. 哪杯水最先结冰：冷水、凉水、温水还是热水？重复实验，验证实验结果。
2. 科学家通过改变自变量来了解姆潘巴效应。你从实验结果中学到了什么吗？你认为姆潘巴效应真的存在吗？
3. 如果换成温度更低的冰水或温度更高的开水，你觉得实验结果会有什么变化吗？你改变的是同一个自变量吗？使用变量并记录实验数据，根据这些数据，你可以提出一个关于水是如何结冰的观点。

结冰的时间

温度	开始冻结	完全冻结
热水（____℃）		
温水（____℃）		
凉水（____℃）		
冷水（____℃）		

第2课

混合物

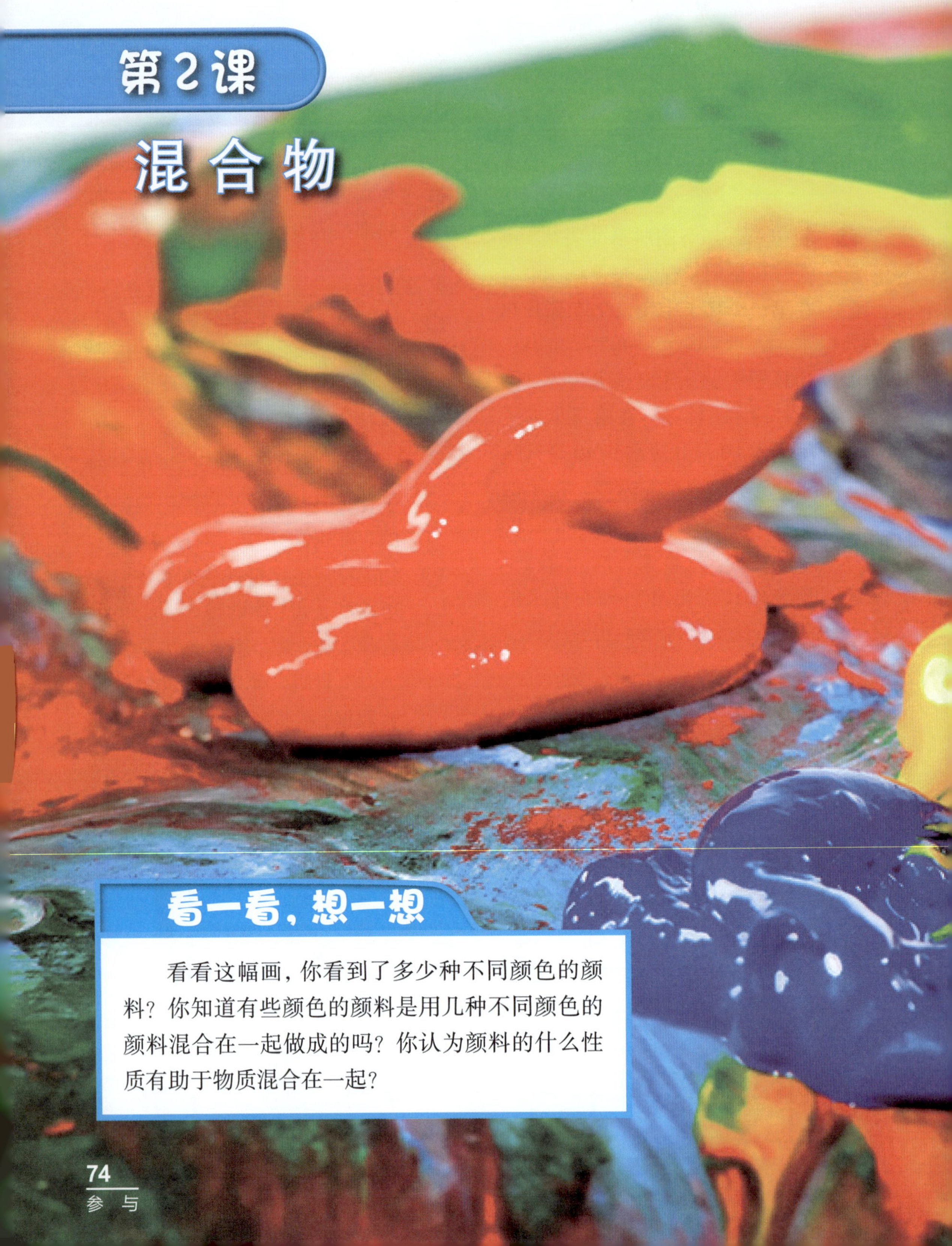

看一看，想一想

看看这幅画，你看到了多少种不同颜色的颜料？你知道有些颜色的颜料是用几种不同颜色的颜料混合在一起做成的吗？你认为颜料的什么性质有助于物质混合在一起？

探究活动

怎样能加速物质混合？

做出假设

你认为哪种方式能够使水中的糖溶解加速：把糖碾碎，加糖后搅拌，还是加热水？做出假设。

验证假设

1. 准备一张如右下图所示的表格来记录你的观察结果。
2. **实验** 取一整块方糖放入半杯冷水中，记录下方糖完全溶解的时间。这个数据作为本实验的对照组。
3. 改变实验条件，重复步骤 2。你可以将方糖碾碎后放入水中，或将方糖放入水中后进行搅拌，或将方糖放入热水中。

得出结论

4. **解释数据** 根据表格数据可知，哪种条件下，方糖溶解得最快？它与对照组的实验结果相差大不大？
5. **推理** 你认为哪种方法可以尽可能地缩短溶解时间？写下假设并验证你的答案。

进一步探究

还有其他方法可以减少方糖的溶解时间吗？设计一个新的实验进行检验，实验中做好数据记录。

材料

- 方糖
- 冷水和热水
- 塑料杯
- 秒表
- 勺子

步骤 1

	水	温度	糖	溶解时间
对照组	$\frac{1}{2}$杯	冷	整块	
实验组 1	$\frac{1}{2}$杯	冷	碎块	
实验组 2	$\frac{1}{2}$杯	冷	搅拌	
实验组 3	$\frac{1}{2}$杯	热	整块	

步骤 2

读一读，学一学

基本问题

混合物是怎样形成和分离的？

词汇

混合物　胶体

溶液　溶质

溶剂　合金

溶解度　蒸馏

阅读技能

推理

线索	已知信息	推理信息

什么是混合物？

假设你正在自制小零食。你把谷物、脆饼、咸饼干和其他材料搅拌在一起，做成了混合点心。在这个搅拌过程中，是否产生了新的物质？不，这些食物只是进行了物理上的组合，因为每一种食物都保留了它的特性——脆饼还是脆的，咸饼干还是咸的，等等。

上述混合点心就是一种混合物。**混合物（mixture）**是物质的物理混合产物。这些物质即使混在一起，还是能够保持它们本身的特性。混合物中的物质可以分离开来，分离后它们还是原来的物质。例如，你可以从上述混合点心中挑出所有的脆饼。

在混合点心中，我们可以看出其中不同的组成物质，这种混合物叫作**非均匀混合物**。不是所有的非均匀混合物看起来都是“斑点状”或“块状”的，它们还可能是黏稠的或奶油状的。如果放到显微镜下观察，就能清楚地看到其中的不同组成部分。这种混合物也叫作**悬浊液**。

随着时间的推移，悬浊液中的一种或多种成分会像河流中的泥沙一样沉淀在水底。然而，搅拌或晃动混合物，会使它看起来变得均匀。这就好比脚踩进河里时，河底的泥沙会翻涌上来，河水变得浑浊。

在家里，你有没有见过标有“使用前请摇匀”字样的食品或药品，比如橙汁？有这类提示的液体就是一种悬浊液。

这堆点心就是一种非均匀混合物。

浑浊的水

▲ 从显微镜中可以看出，浑浊的水实际上是一种非均匀混合物。

▲ 大部分土已经从泥水中沉淀下来了。

读图

怎样判断浑浊的水是不是胶体？

线索 仔细观察第一张图片和第二张图片的区别。

如果一种非均匀混合物的各部分始终不会沉淀下来，这种非均匀混合物就叫作**胶体（colloid）**。胶体类似于悬浊液，只是它的各个成分更稳定，不会沉淀下来。胶体中悬浮的颗粒很小，不会出现分层现象。但是，这些颗粒又足够大到使混合物看起来浑浊或呈奶油状。烟、蛋黄酱和泡沫都是胶体。

快速检测

推理 灰尘从空气中沉降到家具和架子上，含尘空气是哪种混合物？为什么？

批判性思维 把两种悬浊液混在一起，会发生什么？

什么是溶液？

湿空气是一种溶液。当空气中的水蒸气凝结时，会形成云。

把糖加到水里并充分搅拌后，糖会溶解。糖水中能尝出糖的味道，但是已经看不见糖的影子。即使把糖水放到显微镜下，看起来也都是同样的组成物质，这就是一种**均匀混合物**。像糖水这样的均匀混合物叫作溶液。**溶液(solution)**是由两种或两种以上的物质均匀地混合在一起形成的，即使用显微镜观察，看起来也只有一种组成成分的混合物。

在溶液中，被溶解的、相对较少的物质叫作**溶质(solute)**，溶解其他物质的、相对较多的那种物质叫作**溶剂(solvent)**。例如，在糖水中，糖是溶质，水是溶剂。溶液可以由固体、液体和气体组成。通常来说，气体比液体更容易形成溶液，而液体比固体更容易形成溶液。**合金(alloy)**是一种金属和另一种固体（通常是另一种金属）组成的溶液。

许多常见的家用产品都是溶液，如窗户清洁剂、漂白剂、醋和饮料等。随意将一些溶液混合在一起是非常危险的。例如，当漂白剂和含氨清洁剂混合在一起时，会产生有毒的气体。

苏打水是二氧化碳气体溶解在水中形成的溶液。

真相 每一种形态的物质都可以形成溶液。

▼ 大多数合金是一种金属与另一种金属组成的溶液。

溶解限度

在一大杯水里只加一点点糖时，形成的溶液叫作稀糖水溶液。这杯糖水的味道不会很甜。继续向稀糖水中加糖，可以使溶液更浓，尝起来也更甜。那么，我们可以加入越来越多的糖，无限制地使溶液越来越浓吗？答案是否定的。糖水溶液中溶解的糖到一定数量后，再加入的糖就不会再溶解了。即使不停地搅拌，后续加入的糖也不会再溶解，而是会变成晶体沉到杯底。

物质在一种特定溶剂里能溶解的最大量称为**溶解度（solubility）**。蔗糖在室温下的溶解度为每克水溶解 2.1 克糖。相比之下，食盐在室温下的溶解度为每克水溶解 0.4 克食盐。

通常，溶解度的大小取决于温度。大多数物质在较高的温度下更容易溶解，但是也有例外。例如，氧气在温度高的水中溶解性较差。在 0℃到 100℃之间，食盐在水中的溶解度变化不大。

除水以外，许多溶剂都有溶解物质的能力。然而，水通常叫作万能溶剂，因为它能溶解许多物质。

快速检测

推理 为什么鱼在热水中得不到足够的氧气？

批判性思维 有什么办法可以增加溶解在溶剂中的溶质的量？

迷你实验

溶液的温度

1. **预测** 热水和冷水，哪种能溶解更多的糖？为什么？写下你的理由。
2. **观察** 在一个杯子里倒入冷水，然后缓缓加入一勺糖（大约 30 克），边加入边搅拌，记录下这杯冷水溶解了多少克糖。换用热水再次重复上述步骤。

3. 哪种温度的水能溶解更多的糖？你是怎么知道的？
4. 实验结果支持你的预测吗？描述你的结论。

水（溶剂）可以通过分离溶质的颗粒来溶解溶质，形成溶液。

怎样分离混合物?

制作混合物的过程是物理变化，分离混合物的过程也是物理变化。同一种条件的变化，对混合物中不同性质的组成部分有不同的影响。

我们可以用物理条件的变化，如推、拉、举，或者其他方法分离混合物。在分离混合物时，密度、溶解度、颗粒大小、磁性、熔点和沸点都是可以好好利用的性质。下面我们来看看水和沙的混合物可以怎么分离。

分离混合物

分离糖和沙子的混合物时，把混合物放入水里，糖会溶解在水里，沙子会沉淀在水底，这样就把糖和沙子分离了。之后，再通过过滤和蒸发溶液来分离糖。

沙粒不能通过滤纸的孔隙，但是水可以。

分离沙子和铁屑时，可以用磁铁。磁铁可以吸引铁屑，但是吸引不了沙子。

分离木屑和沙子时，可以将混合物放入水中，密度小的木屑会漂浮到水面上，而密度大的沙子会下沉到水底。

读图

怎样分离沙子、木屑和糖的混合物?

线索　据图思考分离方法。

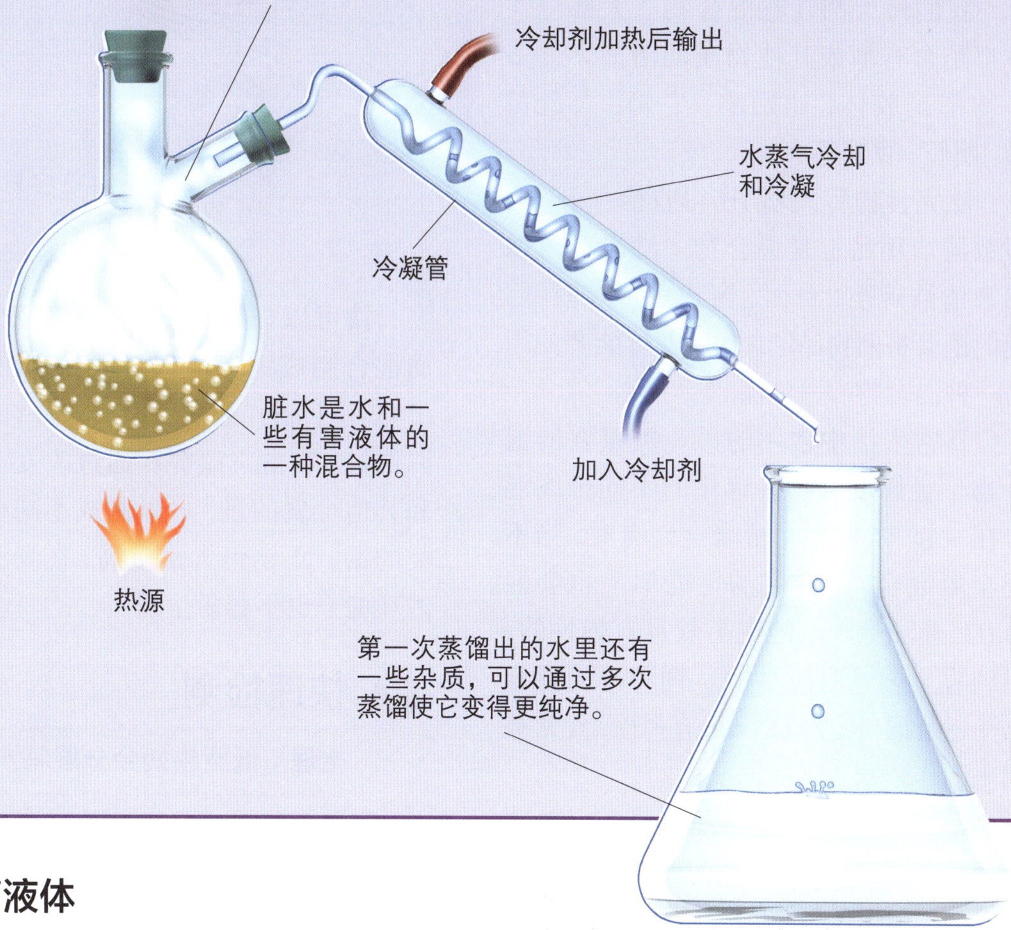

分离液体

如果需要分离的是两种液体，该怎么办呢？如果这两种液体有不同的沸点，就可以使用蒸馏法。**蒸馏（distillation）**是利用蒸发和冷凝分离液体的过程。

我们还可以用**色谱法**分离液体和液体中的微粒。在色谱分析过程中，溶液试样会经过特殊的色谱滤纸，溶液中的不同溶质因为性质不同，会以不同的速度在滤纸上移动。这些物质被分离后，滤纸上会出现不同的色带。

快速检测

推理　如果两种液体的沸点接近，还能用蒸馏法分离吗？为什么？

批判性思维　怎样分离干净的空气和烟雾？

怎样利用混合物?

我们每天都在吃混合物。大部分饮料都是含有糖或其他物质的溶液。许多食物都是胶体，如奶酪、牛奶、人造黄油、明胶、豆浆等。

吃完食物后，我们还得收拾一下，大多数清洁用品也是混合物。洗涤剂可以用来清洁碗筷、台面、窗户等。有时候，我们还会将旧物品刷新，这就可能要使用另一种混合物——油漆。

日常生活中常用的另一类重要的混合物是金属混合物。熔化的不同金属混合在一起，冷却后形成合金。有时，当不同金属混合时，它们的性能似乎也会混合在一起。例如，纯铜是软且有弹性的，而纯锌是坚硬且脆性的。铜和锌的混合物——黄铜，既坚硬，又很有弹性，经常被用来制作乐器。

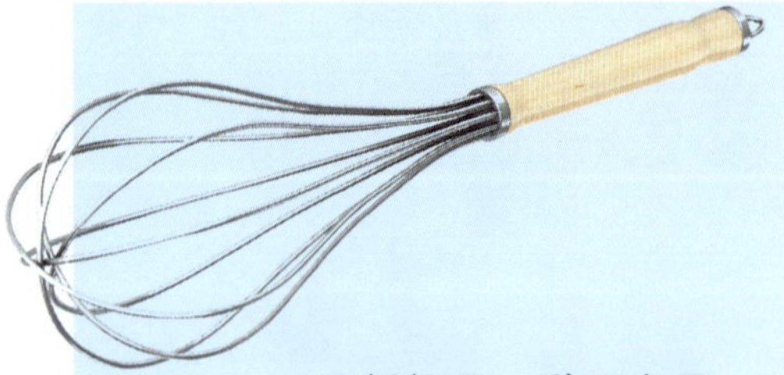

不锈钢是一种不容易生锈的强合金。

铁可以与碳、镍、铬和其他金属混合制成钢。钢坚固且有弹性，可以用于制作钉子、汽车、首饰、回形针、宇宙飞船等。通过改变铁和其他金属的量，可以制成不同种类的钢。不锈钢含铬量高，在潮湿的环境下也不容易生锈。

快速检测

推理 低脂牛奶会分层吗?

批判性思维 铬容易被腐蚀吗? 为什么?

明胶是一种胶体，水果沙拉是一种不均匀混合物。

课后回顾

摘要

	混合物中的各个组成部分都能保持其本身的性质。
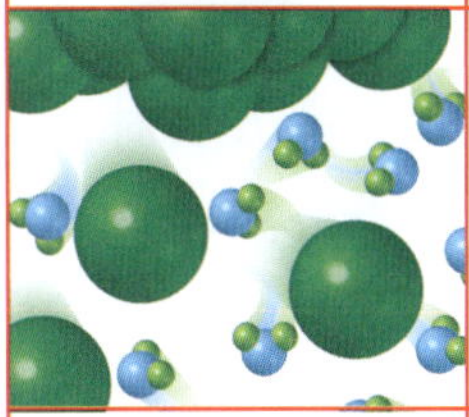	混合物可能是不均匀混合物、胶体或溶液。
	混合物可以用物理变化分离。

制作 折叠式学习卡

如图所示，制作一个折叠式学习卡，并根据图中标题总结你本课所学的相关知识。

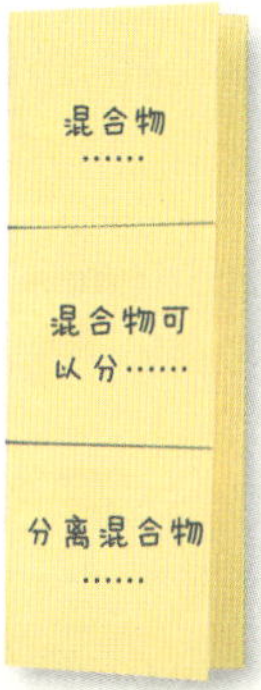

想一想，说一说，写一写

1. **词汇** 不同金属组成的溶液叫作________。
2. **推理** 为什么混合气体很难形成胶体？

线索	已知信息	推理信息

3. **批判性思维** 糖在水中的溶解度是有限度的。你认为糖和水组成的不均匀混合物浓度有极限吗？为什么？
4. **测试** 下列哪种混合物最有可能是溶液？
   A 泥水　　B 蔓越莓汁
   C 盆栽土　　D 牛奶
5. **测试** 下列哪种方式能稀释糖水？
   A 蒸发水　　B 加糖并搅拌
   C 加水并搅拌　　D 把水烧开
6. **基本问题** 混合物是怎样形成和分离的？

艺术连接

描述性写作

水中的污染物包括垃圾、污水中的悬浮物和水中溶解的化学物质。请描述从污水中去除这些污染物的过程。

数学链接

制作混合土

盆栽土主要是由 $\frac{1}{2}$ 壤土、$\frac{1}{4}$ 泥炭、$\frac{1}{8}$ 沙子和 $\frac{1}{8}$ 石膏组合而成的。如果要制作 16 千克盆栽土，每种原料各需要多少？

科学探究

材料

沙子

砾石

2 个塑料碗

勺子

铁屑

筛子

镊子

磁铁

结构化探究

怎样分离混合物?

做出假设

所有混合物的混合方法都相同吗？不同的分离方法对同一混合物是否同样有效？把你的假设以“如果分离混合物的方法改变了，那么……”形式写下来。

验证假设

1. 把一杯沙子和砾石倒进塑料碗里，然后再加入一勺铁屑并搅拌均匀。
2. **实验** 用筛子将混合物分离到另一个碗里，计时 1 分钟。记录混合物的分离程度，以此作为实验的因变量。

3. 重新混合步骤 2 分离出的混合物，然后用镊子分离混合物，计时 1 分钟，记录下结果。

4. 接着换用磁铁，重复步骤 3。

得出结论

5. **使用变量** 这个实验的自变量是什么？实验中有控制变量吗？
6. **解释数据** 将分离方法的有效性从劣到优进行排列，并说明理由。
7. 实验结果支持你的假设吗？撰写报告并进行解释。

指导性探究

怎样用水分离混合物？

做出假设

前面我们已经学习了怎样利用混合物中不同成分的性质来分离混合物。向混合物中加水就是分离混合物的方法之一。你认为用这种方法可以分离盐、沙、木屑混合物吗？将你的假设以“如果在盐、沙、木屑混合物中加入水，会出现…… “的形式写下来。

验证假设

尝试用简单的过滤操作来分离盐、沙和木屑的混合物。请设计一个实验，利用水和过滤装置把混合物分成三种：沙、盐和木屑。写出你需要的材料和实验步骤，记录下变量、观察到的现象和实验结果。

得出结论

这个实验能支持你的假设吗？为什么？

开放式探究

你能用什么方法把黑色墨水分离成不同颜色的墨水吗？用色谱法设计一个实验来试试看吧。写下实验步骤和内容，以便其他同学能重复你的实验。

谨记 要遵守科学探究的步骤。

提出问题
↓
做出假设
↓
验证假设
↓
得出结论

蒸发海水得到盐。

第3课

化合物和化学变化

看一看，想一想

这辆车生锈了。汽车上的铁和空气中的氧气、水发生反应，生成铁锈。当物质变化时，会发生什么？

探究活动

化学反应会改变物质的质量吗?

做出假设

当一种物质变成另一种物质时，物质的总质量会发生变化吗？回想一下你以前观察过的化学变化：煎鸡蛋或者木头的燃烧现象，然后以“如果发生化学变化，那么物质的总质量……”的形式写下你的假设。

验证假设

1. △小心！戴上护目镜，将40毫升洗涤碱倒入袋子里。将40毫升泻盐溶液倒入塑料杯中，然后把杯子竖直放进袋子里，密封好袋子。
2. **测量** 把袋子放在天平上。注意，此时不要把两种溶液混在一起！记下物质的总质量，这个质量是本实验的因变量。
3. **观察** 不要打开袋子。将杯中的溶液倒到袋子里，两种物质会发生化学反应。
4. 记录反应后袋子中的总质量。

得出结论

5. 这个实验的自变量是什么？实验中还有控制的其他变量吗？
6. **解释数据** 在化学反应过程中，质量有什么变化？
7. 实验结果支持你的假设吗？如果不支持，你做出的假设需要做哪些调整？

进一步探究

物质的体积在化学反应过程中是守恒的吗？设计一个新的实验，收集实验数据，得出结论。

材 料

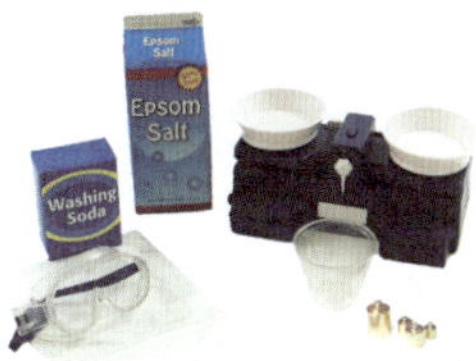

- 护目镜
- 40毫升洗涤碱（碳酸钠）
- 可密封的袋子
- 40毫升泻盐溶液（水合硫酸镁）
- 塑料杯
- 天平

读一读，学一学

基本问题

原子怎样结合成分子和化合物？

词汇

化合物
化学变化
反应物
生成物
沉淀

阅读技能

得出结论

线索	结论

什么是化合物？

做菜时，我们会在食物上洒一些食盐来调味。但是你知道有毒气体和一种金属在水中爆炸会生成食盐吗？食盐中含有钠和氯两种元素。当金属钠和氯气发生反应时，会发出强光并释放大量的热，生成食盐（氯化钠）。可是，为什么氯化钠的性质与金属钠或氯气的性质完全不同呢？

钠原子和氯原子结合后生成氯化钠。原子的重新结合使得氯化钠具有与金属钠、氯气完全不同的新性质。氯化钠是一种化合物。**化合物（compound）**是由两种或两种以上的元素组合而成的纯净物，它的性质与其单种元素组成的物质性质不同。

生成化合物

▼ 钠是一种软而活泼的金属，一接触水就会爆炸。

▼ 氯气是一种有毒的黄绿色气体。把钠放入氯气中会出现激烈的反应。

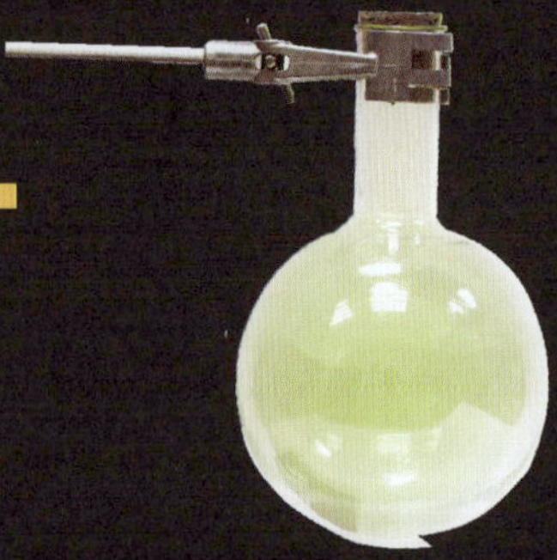

▲ 这个反应生成了氯化钠（食盐）。

化学名称与化学式

把金属勺子放在室外，时间一长，勺子上会布满铁锈。铁锈是勺子里的铁与空气中的氧气结合生成的化合物。

所有化合物都有自己的化学名称，有的化合物还有别名。化学名称取决于组成化合物的元素。铁锈的化学名称是氧化铁。

化合物的化学名称取决于组成化合物的元素的名称。一般情况下，化合物的名称用一部分元素的名称稍加改变，再加另一部分元素的名称组成，如氧化铁、氯化钠等。

化学家们还会用一、二、三等数字前缀来表示化合物中的不同元素的原子数。

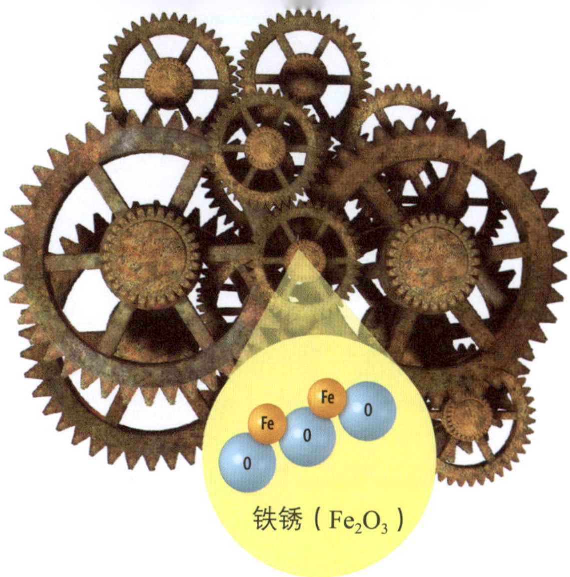

▲ 铁锈（Fe_2O_3）由 2 个铁原子和 3 个氧原子组成。

例如，二氧化碳就表示一个二氧化碳分子中有一个碳原子和两个氧原子。

与元素一样，化合物也可以用化学式表示。化合物由两种及两种以上元素组成，所以化合物的化学式中含有不止一种元素的符号。例如，氧化铁的化学式是 Fe_2O_3，这个化学式里，有铁和氧两种元素符号，表示两个铁原子和三个氧原子结合形成一个氧化铁分子。

▲ 果糖（$C_6H_{12}O_6$）由 6 个碳原子、12 个氢原子和 6 个氧原子组成。

快速检测

得出结论 一种化合物中，原子数目最小是多少？为什么？

批判性思维 化学名称和化学式之间有什么关系？

什么是化学变化？

如果不小心打翻了醋瓶子，满屋都会是刺鼻的醋酸味，闻起来可真糟糕！怎么才能去除这股味道呢？如果用水冲洗打翻的醋，味道可能会淡一点，但气味仍然存在。如果将醋进行冷冻处理，醋仍然是醋，只是从液态变成了固态。如果只是做物理层面上的改变，醋就永远还是醋。

要彻底去除醋味，需要使用化学方法。当原子以新的方式连接在一起，生成新的物质时，就发生了**化学变化**（**chemical change**），也叫作**化学反应**。

如果把小苏打和醋混合在一起，它们就会发生化学变化。加入小苏打以后，醋中会出现气泡，气泡就是一种新的物质。同时，醋中还会出现新的白色固体。生成的新物质具有不同于醋和小苏打的性质。气泡是一种气体，生成的白色固体不会再与醋发生反应。

在化学反应中，小苏打中的原子和醋中的原子以新的方式结合在一起，生成醋酸钠、水和二氧化碳。反应生成的气泡是二氧化碳，白色固体是醋酸钠。

化学方程式

在数学课上，我们都见过像2+6=8或3+7=6+4这样的等式。化学家书写的化学方程式类似于数学等式。例如，氢气和氧气结合生成水。化学方程式中要记录哪些物质参与反应，比例是多少。化学式前的数字就表示参与反应的氧分子和氢分子的数量。

化学方程式左边的化学物质叫作**反应物**（**reactant**），方程式右边的化学物质叫作**生成物**（**product**）。在生成水的反应中，反应物是氢气和氧气，生成物是水。化学方程式可以读作："2个氢分子和1个氧分子反应生成2个水分子"。发生化学反应的反应物和生成物可能有不同的物质形态，如小苏打是固体，醋是液体，生成物二氧化碳是气体。

小苏打与醋反应时会产生二氧化碳气泡。

小苏打和醋的反应

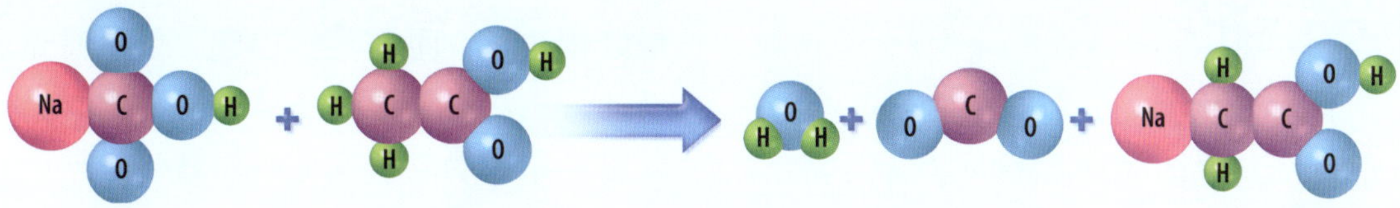

读图

这个反应的质量守恒吗？

线索　数一数箭头两边每种原子的数目。

在数学等式中，左右两侧必须相等。那么，化学方程式呢？在化学反应中，反应物的总质量等于生成物的总质量，这就是**质量守恒定律**。换句话说，在反应物和生成物中，每种原子的总数必须相同。在生成水的反应中，化学方程式两侧的氢原子和氧原子的数目是相同的。

无论从右向左读，还是从左向右读，数学等式都是有意义的，化学方程式也是如此。很多化学变化是可逆的。当化学反应可逆时，生成物会分解或结合成原来的反应物。例如上述化学反应中生成的水也可以分解成氢气和氧气。

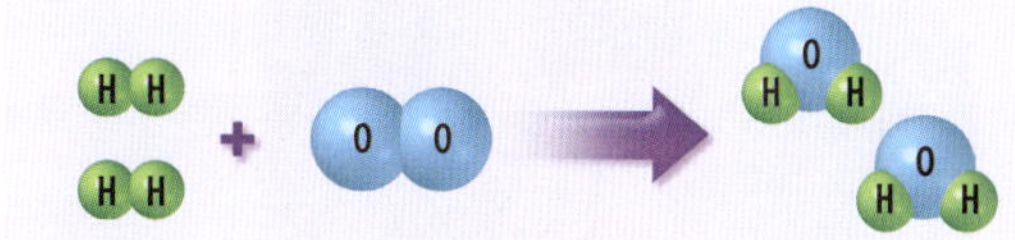

快速检测

得出结论　在醋与小苏打的反应中，生成物与反应物分别是什么？

批判性思维　如果 32 个氢原子与 16 个氧原子完全反应，会生成多少水分子？为什么？

真相　**和物理变化一样，许多化学变化也是可逆的。**

怎样判断某个反应是化学变化?

化学变化会生成新的物质。这些物质的性质与之前的物质不同。当化学变化发生时，我们通常可以看到、听到或闻到新生成的物质。

颜色变化是化学变化的现象之一。漂白剂将一块布漂白，是通过化学方法改变了布上的染料或布本身的颜色。

化学变化导致金属表面出现分层，或者导致其颜色变得暗淡。例如，铁锈是红褐色的，而铁是银白色、有金属光泽的。所以，金属腐蚀是化学变化。金属腐蚀导致的颜色变化叫作**暗锈**。

抗酸药片放入水中会生成气泡，这也是一种化学变化。气泡的出现是判断是否发生化学变化的另一种依据。你还记得前面学过的小苏打和醋混合时出现的现象吗？生成的二氧化碳气泡表明在这个实验里发生了化学变化。

化学变化的现象

颜色改变

漂白剂可以使部分衣物褪色。

形成暗锈

这个奖杯里的银与空气中的氧或硫发生反应，失去了光泽。

释放气体

抗酸剂与水发生反应，生成二氧化碳气体。

化学变化不仅能生成气体，还会生成沉淀。**沉淀（precipitate）**是某些溶液发生化学反应时生成的固体。水槽不清洗时，可能会形成一层黏糊糊的白色物质。这种“皂垢”就是由肥皂和水组成的溶液所生成的沉淀。

一些化学变化会释放光和热。例如，燃烧的蜡烛会产生炽热的火焰，蜡烛和灯芯中的原子与空气中的氧气相结合，释放光和热。如果一个化学反应释放能量，那么它的逆反应就会吸收能量。

迷你实验

硬币的化学反应

1. 有些硬币是镀铜的，很容易被腐蚀。找一枚黯淡无光的硬币。
2. **观察** 把硬币放在装有盐和醋的杯子中，记录观察结果。
3. 杯子中有什么化学反应的现象吗？把硬币取出、晾干，这个过程中还有其他化学反应发生吗？你是怎么知道的？

生成沉淀

两种溶液混合后出现沉淀了，说明它们发生了化学变化。

释放能量

如果以光或热的形式释放了能量，说明这个过程中发生了化学变化。

读图

哪些化学变化的现象是由物质状态的变化引起的？

线索 观察生成新的固体、液体、气体的化学反应的照片。

快速检测

得出结论 煎蛋是化学变化吗？为什么？

批判性思维 为什么说火灾中的树木燃烧是一种化学反应？

怎样利用化学变化?

化学反应无时无刻不在发生。要实现生命的基本功能，就离不开化学反应。例如，光合作用需要吸收太阳能，帮助植物生成糖类。植物和动物都会进行细胞呼吸作用，食物中的能量能为细胞呼吸作用提供燃料。

机器也可以利用化学反应产生的能量。航天飞机需要大量的能量才能飞入太空。在它的主发动机中，氢和氧发生化学反应，释放出炽热的气体，推动航天飞机飞向太空。这种化学反应的生成物对环境来说是安全的，因为它生成的是水！

化学反应也是形成化合物的唯一途径。有些化合物，如化石燃料，是在自然界中形成的。还有一些材料是人造的，比如塑料。通过化学变化，可以生成无数种有用的化合物。

快速检测

得出结论 化合物与化学反应之间有什么关系?

批判性思维 光合作用中，能量储存在哪里?

航天飞机利用氢和氧发生化学反应产生的热量飞向太空。

课后回顾

摘要

	化合物的性质与其组成元素的性质并不相同。
	当原子以新的方式结合在一起时，就会发生化学反应。
	化学反应的现象包括：生成沉淀、气泡，改变颜色，发出光和热。

制作 **折叠式学习卡**

如图所示，制作折叠式学习卡，并根据图中标题总结你本课所学的相关知识。

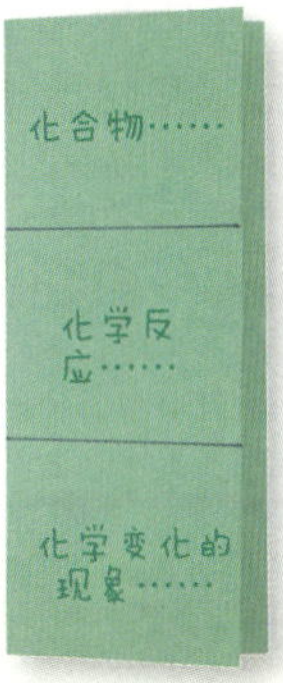

想一想，说一说，写一写

1. **词汇** 写在化学方程式左侧的物质叫作__________。
2. **得出结论** 如果在化学反应过程中移除其中一种反应物，会发生什么？

线索	结论

3. **批判性思维** 随着时间的推移，一支燃烧的蜡烛会发生什么？
4. **测试** 下列哪项是化学反应？

   A 冰融化　　B 盐溶于水

   C 木材燃烧　　D 下雨
5. **测试** 下列哪种化合物是金属上形成的暗锈？

   A CO_2　　B $C_6H_{12}O_6$

   C H_2CO_3　　D Al_2O_3
6. **基本问题** 原子怎样结合成分子和化合物？

数学链接

会有多少生成物？

每燃烧 4 克氢，就生成 36 克水。如果燃烧 100 千克氢，会生成多少千克水？

艺术连接

化学变化与画作

在画上涂一层清漆可以用来保护画作。但是当清漆被破坏时，空气和颜料之间就会发生化学反应。这种化学反应对画作会产生什么影响？

科学写作

探究神秘的化合物

说明文写作

一篇优秀的说明文需要：

- ▶用事实和论据支撑主要观点；
- ▶总结各种来源的信息；
- ▶使用连接词过渡；
- ▶根据事实和信息得出结论。

科学家会通过化学反应来辨别未知的化合物。要想鉴别未知的化合物，首先需要有一组已知的化学物质。科学家将这种未知的化合物和这组已知的化学物质一一混合，观察它们之间的反应。一般情况下，一种化合物只会与某些特定的化学物质进行反应，而不会与每一种化学物质都发生反应。

科学家会仔细记录他们观察到的实验现象，然后将这种未知化合物的化学性质与已知物质进行比较。如果这种化合物与某种已知化合物具有相同的化学性质，它们就是同一种物质。谜底顺利揭开！这种识别化合物的过程叫作定向分析。

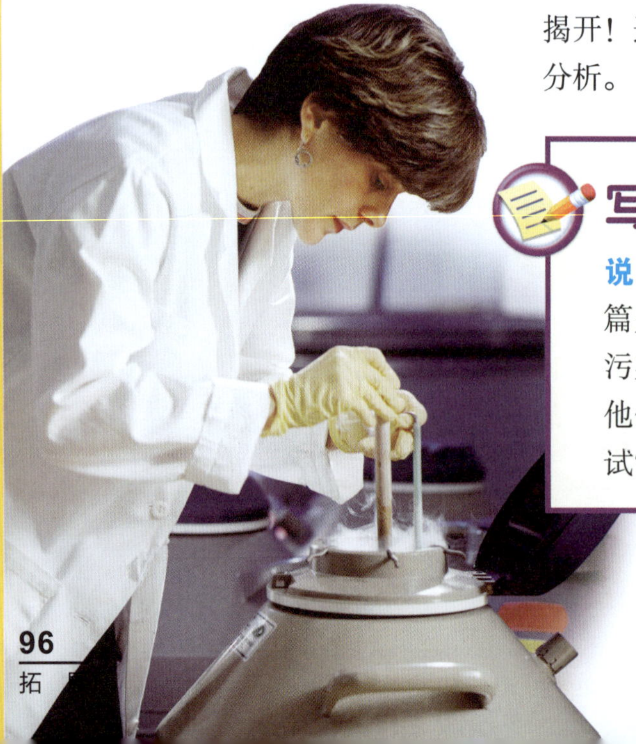

写作

说明文写作 调查并撰写一篇关于科学家如何测试水中的污染物和危险化合物的报告。他们用哪些化学反应来进行测试？按顺序写出这个过程。

与水（H_2O）反应

人体离不开水，但水对有些物质来说，却具有破坏性。当金属钠（Na）放进水中时，它会与水发生化学反应，生成氢气（H_2），氢气可以燃烧，甚至爆炸！硫酸（H_2SO_4）在水中会沸腾，并喷涌而出。过氧化氢（H_2O_2）可以用于消毒割伤或擦伤的伤口，它可以分解成水和氧气（O_2），迅速生成气泡。

化学式用于表示组成该物质的元素种类和原子数目。在化学方程式中，化学式前的数字表示有多少物质参与了反应。下标表示这种物质中含有某种元素的多少个原子。想知道化学方程式中某种元素有多少个原子参与反应，可以用下标乘以化学式前面的数字。

整数相乘

- 要算出参与反应的原子数目，可以把化学式前面的数乘以下标。

  $2H_2$　2×2=4个

- 如果化学式前面没有数字，则用1。

  O_2：1×2=2个

- 如果元素后没有下标，则用1。

  3S：3×1=3个

解决问题

1. 2个水分子（$2H_2O$）中有多少个氢原子和氧原子？
2. 3个过氧化氢分子（$3H_2O_2$）中有多少个氢原子和氧原子？
3. 1个硫酸分子（H_2SO_4）中有多少个氢原子、硫原子和氧原子？

$4H_2O$

4代表分子的个数

2代表每一个水分子里的氢原子个数

第4课

酸、碱和盐

偏振光下酒石酸晶体的放大图

看一看，想一想

葡萄中的这种酒石酸使葡萄吃起来有酸味。什么是酸？怎么鉴别酸？酸这个词有反义词吗？

探究活动

什么是酸和碱？

实验目的

蓝色石蕊试纸遇酸变红，红色石蕊试纸遇酸不变色。红色石蕊试纸遇碱变蓝，蓝色石蕊试纸遇碱不变色。请你检验一下家里的各种溶液，看看它们是酸性溶液还是碱性溶液。

实验步骤

1 **预测** 制作如图所示的表格。用视觉和嗅觉来预测每种溶液是酸还是碱。

2 △**小心！** 戴上护目镜、手套和围裙。用玻璃棒蘸取溶液，然后滴在两种颜色的石蕊试纸上，记录下观察结果。

3 **分类** 换用其他溶液重复步骤 2，记录你的观察结果。

4 用 pH 试纸测试每种溶液的酸碱度，然后根据试纸盒里的色标来查找和记录对应的 pH。

得出结论

5 将测试的样品按酸碱性分类整理好，根据 pH 你可以了解关于酸碱的哪些信息？

6 **交流** 所有的酸或碱有什么共同之处吗？某些酸性物质的酸性是否比其他酸性物质更强？某些碱性物质的碱性是否比其他碱性物质更强？为什么？把你的理由写在报告里。

进一步探究

有些人声称可乐的酸性非常强，甚至会在一夜之间溶解放在可乐里的铁钉！设计一个测试可乐酸度的活动。可乐是强酸吗？

材料

- 护目镜
- 手套
- 围裙
- 红色石蕊试纸和蓝色石蕊试纸
- 家用溶液的样品
- pH试纸
- 玻璃棒

步骤 1

	预测：酸或碱	用红色石蕊试纸测试	用蓝色石蕊试纸测试	pH	结论：酸或碱
样品1					
样品2					
样品3					

步骤 4

读一读，学一学

基本问题

酸、碱和盐各有哪些性质？

词汇

酸

离子

碱

酸度

碱度

中和

电解质

阅读技能

总结

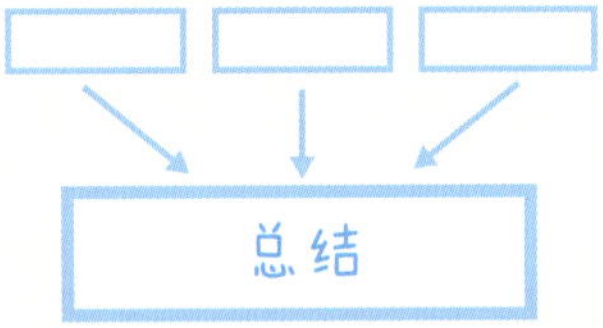

什么是酸和碱？

你咬过柠檬吗？柠檬吃起来非常酸！这股酸味就来自柠檬汁中的柠檬酸。

酸味是酸的一种特性。酸还有其他的性质。**酸（acid）**具有的性质包括：

- 酸性的味道，直接接触可能会灼伤；
- 能使蓝色石蕊试纸变红；
- 能与一些金属反应生成氢气。

酸性化合物中含有氢元素。酸在水中可以分解出氢离子（H^+）。**离子（ion）**是获得或失去电子的原子或分子。氢离子失去了一个电子，带一个单位的正电荷。水分子与氢离子结合形成水合氢离子（H_3O^+）。

人类和一些其他动物的胃里会分泌胃酸，它的主要成分是盐酸。胃酸能帮助我们消化食物。值得庆幸的是，胃的周围包裹着一种物质，这种物质可以防止胃酸对身体其他部位造成伤害。盐酸也被用来清洁钢铁和制造塑料，但盐酸是非常危险的，不能随意触摸或品尝。

柠檬吃起来酸酸的，因为柠檬中含有柠檬酸。

水中的酸与碱

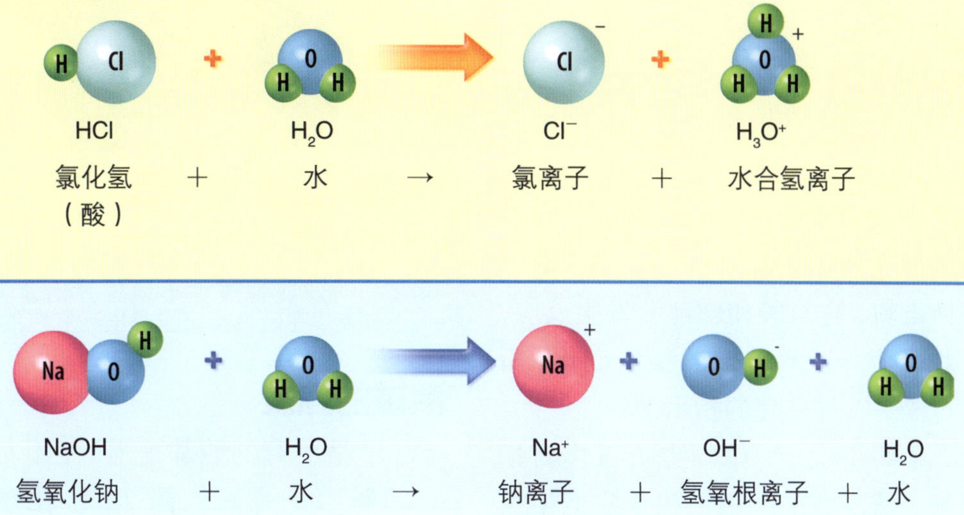

读图

钠离子和氯离子各带哪种电荷？

线索 看化学式旁边的加号和减号。

肥皂、水管清洁剂和氨都是碱。**碱（base）**具有的性质包括：

- 带有苦味；
- 有肥皂般的触感；
- 能使红色石蕊试纸变蓝。

碱性化合物通常含有氢元素和氧元素，碱在水中分解出氢氧根离子（OH^-）。氢氧根离子得到了一个电子，所以带一个单位的负电荷。

强碱能溶解毛发和食物，可以用来疏通堵塞的下水道。氨常用来生产肥料。氢氧化钠也称火碱或烧碱，常用于生产布料、肥皂和塑料。

快速检测

总结 将酸和碱的特性整理成表格。

批判性思维 为什么把锌放在醋中会冒泡？

指示剂怎样鉴别酸和碱?

科学家通常用**指示剂**来鉴别酸和碱。石蕊就是一种常用的酸碱指示剂。蓝色石蕊试纸遇酸变红，红色石蕊试纸遇碱变蓝。石蕊是从地衣中提取的一种染料，它与酸和碱都会发生反应，这些反应伴随着特殊的颜色变化，所以石蕊是一种良好的指示剂。

某些情况下，植物也可以作为指示剂。绣球花的颜色取决于它们生长的土壤。绣球花在碱性土壤中会开出粉红色的花，在酸性土壤中会开出蓝色的花。

如何辨别酸的强弱程度？把几种染料混合在一起可以制成一种通用指示剂。这种指示剂会根据酸或碱的强度呈现不同的颜色。

绣球花在酸性土壤里开出蓝色的花，在碱性土壤里开出粉红色的花。

酸碱的强度

不是所有的酸都是强酸，不是所有的碱都是强碱。例如，沙拉里的醋可以让味道吃起来更鲜美，但是蓄电池里的酸液甚至能将运动鞋烧出一个洞！酸的强弱程度度叫作**酸度（acidity）**，碱的强弱程度叫作**碱度（alkalinity）**。

1909 年，瑟伦•索伦森提出了一个测量酸碱度的标尺——pH。pH 是指溶液中氢离子的浓度。pH 越低表示酸性越强，pH 越高表示碱性越强。

▼通用指示剂的颜色随物质的酸碱度而变化。

大多数溶液的 pH 在 1 到 14 之间。pH 为 1，表示溶液中有许多水合氢离子，溶液是酸性的。pH 为 14，表示溶液中有许多氢氧根离子，溶液是碱性的。pH 为 7，表示溶液是中性的。

快速检测

总结 怎样用 pH 表示酸碱度？

批判性思维 为什么红甘蓝汁里加醋或加小苏打后颜色不同？

迷你实验

墨水指示剂

1. 将棉签浸入小苏打溶液中，用这根棉签在纸上给同伴写一则消息。
2. 待纸变干后，与同伴互换纸张。
3. **观察** 这则消息还看得见吗？用另一根棉签在纸上涂葡萄汁，记录观察结果。
4. **推理** 葡萄汁能作为酸碱指示剂吗？为什么？

pH 标度

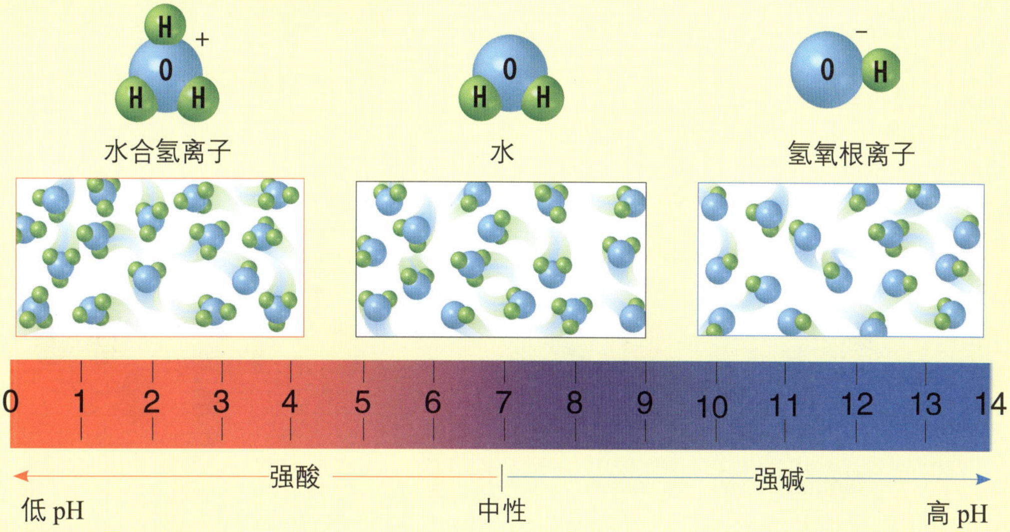

读图

在 pH 等于多少的时候，水合氢离子和氢氧根离子的数量相等？

线索 观察表两端的数值，把它们相加后除以 2。

什么是盐?

盐酸是一种危险物质，氢氧化钠也是。但是，如果将这两者混合，会生成普通的食盐和水。

这个反应是化学反应中非常重要的一类反应：酸和碱混合，生成盐和水。在这个反应中，酸和碱相互中和。**中和（neutralization）**是指酸和碱反应生成盐和水的过程。

这里说的盐，除了我们生活中常用的食盐，即氯化钠（NaCl）以外，还包括很多其他的盐。例如，可以用于制造火柴和炸药的氯酸钾。盐是一类由带正电荷的离子和带负电荷的离子组成的化合物。这些离子通常可以结晶成晶体。许多盐类是带正电的金属离子和带负电的非金属离子组成的化合物。盐的熔点通常很高，在某些情况下，盐易溶于水。

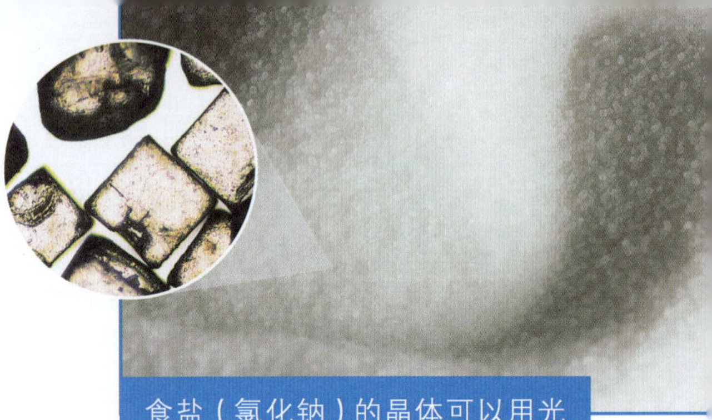

食盐（氯化钠）的晶体可以用光学显微镜观察。

酸、碱和盐在水中会分解出离子。溶液中的离子能导电。如果一种物质在水中能分解出离子，就称它为**电解质（electrolyte）**。酸、碱和盐都是电解质。

快速检测

总结　盐有哪些典型特征?

批判性思维　怎样鉴别溶解在水中的物质是否是电解质?

水中的酸与碱

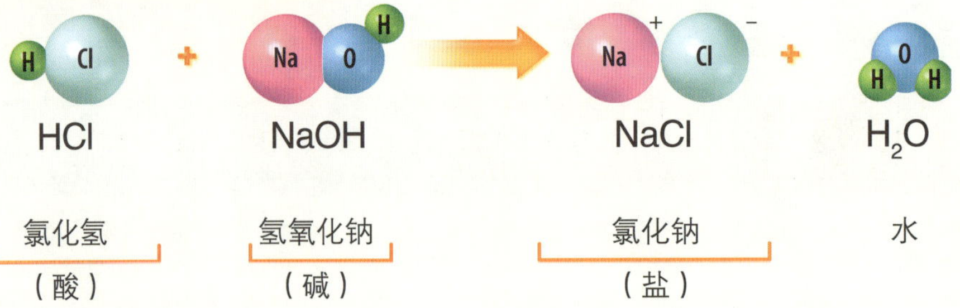

真相　**除了食盐外，还有许多种盐。**

课后回顾

摘要

	酸和碱可以根据它们的化学性质分类。
	指示剂可以显示物质是酸性的还是碱性的。
	盐是由酸碱中和反应生成的。

制作 折叠式学习卡

如图所示，制作一个折叠式学习卡，并根据图中标题总结你本课所学的相关知识。

想一想，说一说，写一写

1. **词汇** 碱的强弱程度叫作________。
2. **总结** 厨房里哪些物质是酸性的，哪些物质是碱性的？

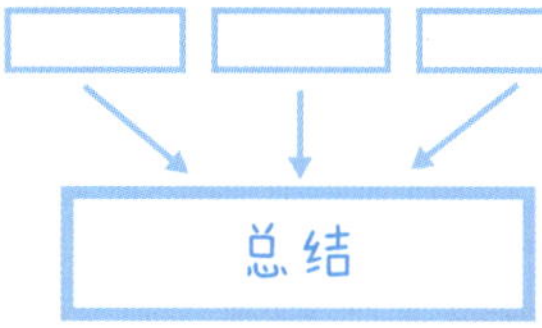

3. **批判性思维** pH 试纸对你预测绣球花的颜色有什么帮助？
4. **测试** 胃里有哪种酸？
   A 硫酸（H_2SO_4） B 硝酸（HNO_3）
   C 盐酸（HCl） D 磷酸（H_3PO_4）
5. **测试** 下列哪项不属于碱的性质？
   A 使蓝色石蕊试纸变红
   B 溶解毛发
   C 溶解油脂
   D 带有苦味
6. **基本问题** 酸、碱和盐各有哪些性质？

数学链接

中和泳池中的酸

一个游泳池中有 115000 升水，水的酸度超过标准 pH 0.1。要将 pH 提高 0.1，必须在每 1000 升水中加入 4 克苏打粉（碱）。要使泳池水达标，应加多少苏打粉？

社会链接

污染治理条例

燃煤发电会使大气酸性增强，造成大气污染。为此，各国政府出台了一系列限制大气污染物排放的法律，通过立法来要求发电厂减少污染物排放。这类法律有哪些利弊？

带你认识
克里斯蒂娜·埃尔森

克里斯蒂娜·埃尔森是美国自然历史博物馆的科学家，她主要研究古代阿兹特克文化中，人们是如何利用盐的。从12世纪到16世纪，阿兹特克人居住在现在的墨西哥地区。这个地区遍布盐矿，这里的盐是一种从地下开采出来的天然矿产。

克里斯蒂娜·埃尔森

克里斯蒂娜的研究范围主要集中在墨西哥的一个地区，那里的盐是从干涸的湖床附近的沉积物中开采出来的。阿兹特克人从这些沉积物中提取出了盐。首先，他们把含盐土壤从地下挖出后收集起来；然后用水冲洗土壤；接着，他们把盐溶液放到大锅里；最后，将盐溶液煮沸，这样一来，水被蒸发掉了，盐就会以晶体的形式析出来。

阿兹特克人不仅仅将盐用作烹饪。在阿兹特克的一个小镇上，克里斯蒂娜发现了数千块陶瓷碎片。这些陶罐就是贸易过程中用来运输盐的。

克里斯蒂娜还发现，阿兹特克人还会用盐来染布。染色的棉布很珍贵，是阿兹特克贵族喜爱的用品。这种布是放在湿热的染缸里用颜料染成的。当染缸中加入盐时，它能让颜料更好地“粘”在布料上。盐和色素结合在一起形成了一种不溶于水的化合物。

盐在其他许多古文明中都扮演了重要角色，即使在现代社会，盐依然发挥着重要的作用。盐可以用来保存食物，腌制的食物即使不冷藏，也可以储存很长时间；盐可以用来保存用于生产服饰的兽皮；盐还可以用来生产肥皂；等等。盐的价值源于它的实用性、耐用性和便携性。

▼ 克里斯蒂娜•埃尔森在墨西哥的一个考古发掘现场记录数据。

推理

- 回顾资料，对未明确说明的信息进行推理。
- 列出支持推论的论据。

写作

推理

1. 阿兹特克人是怎样把一种矿物资源变成产品销售的？
2. 如果染料中不加盐，那么阿兹特克人生产的布料会怎么样？

AMERICAN MUSEUM OF NATURAL HISTORY

第2章 复习和测试

摘要

第 1 课 吸收或失去热量时，物质的状态会发生改变。

第 2 课 混合物是不同物质的物理组合。

第 3 课 当化学变化使不同原子以新的方式连接在一起时，就生成了新的化合物。

第 4 课 酸和碱这两类化合物可以根据它们的不同性质进行分类。

制作 **折叠式学习卡**

如图所示，将每节课后的折叠式学习卡放在一起，并用它来整理你本章所学的相关知识。

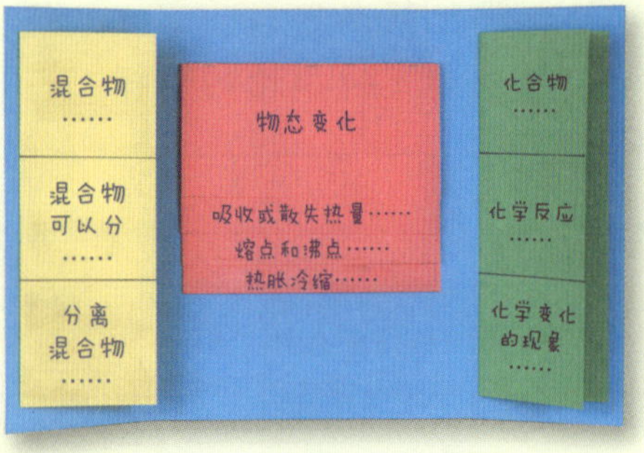

词 汇

DOK 1

选择合适的词汇填空，每个词汇限用一次。

酸	生成物
合金	反应物
电解质	溶质
离子	溶液
沉淀	升华

1. 当蓝色石蕊试纸遇到________时，它会由蓝变红。
2. 化学方程式左侧的化学物质叫作________。
3. 当一种混合物的各个部分均匀地混合在一起后，即使在显微镜下，看起来也只有一种组成物质，这种混合物叫作____________。
4. 直接从固体变成气体的过程叫作____________。
5. 溶解后分解出离子的物质叫作____________。
6. 一种物质被另一种物质溶解，形成了溶液。其中被溶解的物质叫作____________。
7. 至少含有一种金属的固体溶液叫作________。
8. 化学反应生成的物质叫作________。
9. 由两种溶液发生化学反应生成的固体叫作________。
10. 带有一个单位正电荷或负电荷的原子或分子叫作________。

科学技能和科学概念

DOK 2～3

11. 下列化学反应生成的是什么？

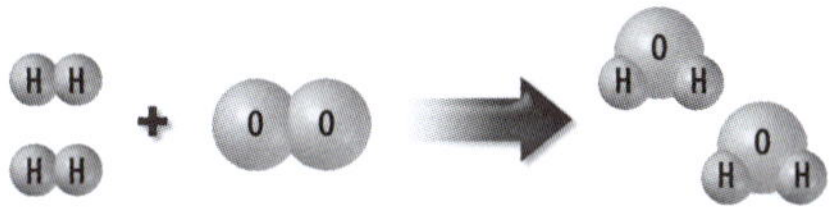

氢气＋ 氧气 → 水

A 混合物

B 酸

C 化合物

D 盐

12. 下列哪个过程吸收了热量？

A 液体变成固体

B 气体变成液体

C 固体变成液体

D 气体变成固体

13. 将盐和胡椒放在一个容器里，形成的是一种什么物质？

A 悬浮物 B 溶液

C 混合物 D 化合物

14. 判断正误 *折断铅笔是物理变化。*这个说法对吗？请解释原因。

15. 比对和对比 干冰升华后，哪些性质发生了变化，哪些没有变化？

16. 使用变量 你正在做一个实验，研究怎样能让糖更快速地溶解在水中。你可能改变的一个变量是什么？控制的变量是什么？

17. 批判性思维 带苦味的食物通常是含酸还是含碱？为什么？

18. 总结 右图中，有什么现象表明发生了化学变化？化学变化中还可能出现其他哪些现象？

19. 说明文写作 解释下面的化学方程式是怎样反映质量守恒定律的。$2H_2+O_2 == 2H_2O$

大概念

20. 什么会导致物质发生变化？

表现性评价

DOK 4

“嘶嘶作响”的证明

柠檬汁和苹果汁哪个酸性更强？看看两者加碱后会出现什么现象。

活动步骤

1. 在两个小杯子里各加 1 克小苏打（弱碱）。

2. 在一个杯子里放 15 毫升柠檬汁，在另一个杯子里放 15 毫升苹果汁，蒸发液体，析出生成的盐。

分析结果

▶ 两个杯子里发生化学反应了吗？哪种果汁的酸性更强？你怎么知道的？

测 试

1 观察下图，回答问题。
DOK 1

为什么玻璃杯外壁上会出现小水滴？

A 水蒸气受热后液化在玻璃杯的外壁。
B 水蒸气受热凝华在玻璃杯的外壁。
C 水蒸气失去热量后液化在玻璃杯的外壁。
D 是玻璃杯里的冰融化成的水滴。

2 根据表中数据，你能得到什么结论？
DOK 2

状态变化温度表

名称	熔点	沸点
铜	1083℃	2567℃
氮	−210℃	−196℃
水	0℃	100℃
食盐	801℃	1465℃
铁	1538℃	2861℃

A 氮气不会改变状态。
B 大多数固体在相似的温度下会变成液体。
C 金属变成气体需要极高的温度。
D 盐不会改变状态。

3 下图比较了两种物质的溶解度。从图中你能得出什么结论？
DOK 2

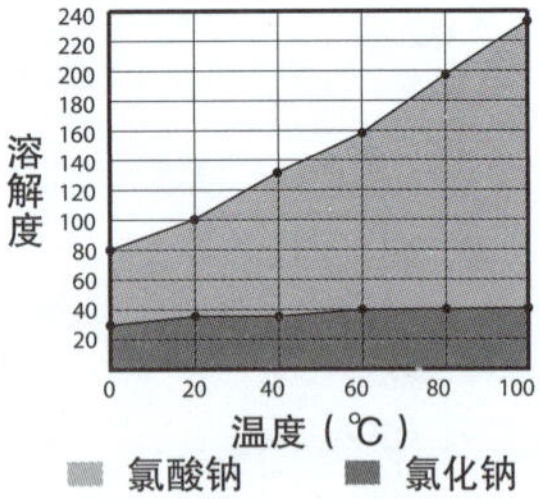

A 在0℃时，氯化钠比氯酸钠更易溶于水。
B 在100℃时，这两种物质的溶解度相同。
C 随着水温升高，氯酸钠的溶解度明显增大。
D 氯化钠具有不溶性。

4 在化学变化中，物质发生了什么？
DOK 1

A 原子被重新排列，生成新的物质。
B 有的原子融化或蒸发了。
C 有的原子消失不见了。
D 新原子形成了。

5 糖（$C_6H_{12}O_6$）和丁烷（C_4H_{10}）都是分子。下来哪项陈述是正确的？
DOK 1

A 糖和丁烷含有的原子种类相同。
B 糖分子的原子数量比丁烷多。
C 糖和丁烷都只由两种原子组成。
D 糖和丁烷都是气体。

6 某学生成功地分离了下面烧杯中的混合物。烧杯中可能有哪两种物质？
DOK 2

A 沙子和铁屑
B 水和盐
C 沙子和水
D 小苏打和醋

7 下列哪项属于碱的性质？
DOK 1

A 肥皂般的触感
B 带有酸味
C 在水中分解出氢离子
D 使蓝色石蕊试纸变红

8 观察下图，回答问题。根据质量守恒定律，箭头两边有什么特点？
DOK 1

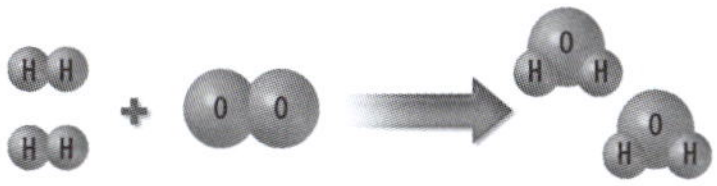

A 两边的原子排列方式相同。
B 两边每种原子的总数相同。
C 每种元素的物质状态都不会发生改变。
D 反应物和生成物的数量相同。

9 这幅图反映了什么过程？干冰正在经历的是物理变化还是化学变化？请解释原因。
DOK 2

10 观察下图，回答问题。这个化学式表示哪种物质？如果改变铁原子的数目，该化合物是否会改变？请解释原因。
DOK 2

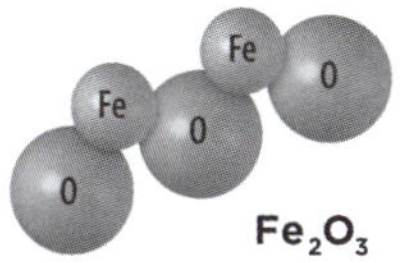

11 铁钉放在室外容易生锈。请解释这是怎么发生的，这个过程是物理变化还是化学变化？请解释原因。
DOK 3

检查

题号	回顾	题号	回顾
1	66～67	7	101
2	68	8	91
3	79	9	66～67
4	90	10	89
5	89	11	66,90～93
6	80		

食品科学技术人员

▲ 食品科学技术人员在研究食物的化学成分。

对许多学生来说，科学课里最有趣的部分就是做实验。你也是这么认为的吗？如果是的话，你应该很喜欢在实验室里学习新的知识。你对食物也有特别的兴趣吗？例如，你会不会好奇食物是怎么变质的？如果答案都是肯定的，那么你可能会喜欢做一名食品科学技术人员。作为食品科学家的助手，你要能熟练操作实验室里的各种仪器。你要对食物中添加的化学物质进行测试，看看它们能不能让食物的味道更好或能不能加长食物的保鲜时间。这些测试都是为了确保食品的颜色、质地和营养成分等能符合相关标准。

▼ 绿色化学家利用化学手段保护环境。

绿色化学家

化学家在实验室里开发了许多有用的材料，包括染料、塑料、医药、食品和建筑材料等。在过去，开发这些材料的同时，也制造了一些有害的副产物。这些副产物会污染环境，但是一项名为绿色化学的运动正在设法消除这些有害污染。绿色化学家致力于寻找特殊的化学手段，生产安全、有用、没有有害副产物的材料。要成为一名绿色化学家，你需要获得化学专业硕士以上学位。

《科学启蒙（第二版）》版权声明

科学启蒙（第二版） 物质⑤

McGraw-Hill Education
Science A Closer Look
Matter
978-0-02-143809-9

浙江省版权局著作权合同登记号：11-2018-537

图书在版编目（CIP）数据

科学启蒙：第二版. 物质. ⑤ / (美) 杰伊·哈克特等著；张俊等译. -- 杭州：浙江教育出版社，2020.4（2021.4 重印）
ISBN 978-7-5722-0076-2

Ⅰ. ①科… Ⅱ. ①杰… ②张… Ⅲ. ①科学知识一少年读物②物质一少年读物 Ⅳ. ①Z228.1②04-49

中国版本图书馆CIP数据核字(2020)第045646号

科学启蒙（第二版）

KEXUE QIMENG (DI ER BAN)

物质 ⑤

WUZHI 5

出版发行 浙江教育出版社（杭州市天目山路40号 电话：0571-85170300-80928）
原 著 名 SCIENCE A CLOSER LOOK
MATTER
翻　　译 张　俊　邓小耶　柯星如　陈娅玲
审　　定 郝京华
图片来源 海洛创意
责任编辑 杨　艳
封面设计 韩　波
责任校对 徐荆舒
责任印务 沈久凌

图文制作 杭州兴邦电子印务有限公司
印　　刷 杭州富春印务有限公司
开　　本 787mm×960mm　1/16
印　　张 7.75
字　　数 193 000
版　　次 2020年4月第1版
印　　次 2021年4月第3次印刷
标准书号 ISBN 978-7-5722-0076-2
定　　价 30.00元